《评估指南》背景下幼儿园保育教育

安全工作

主编◎徐曼丽　陈晓鹭　韩　志

中国出版集团有限公司

世界图书出版公司
北京　广州　上海　西安

学前教育工作是一项奠基工程，也是一项未来工程。办好学前教育，关系亿万儿童健康成长，关系社会和谐稳定，关系党和国家事业未来。

党的十九大提出，要在"幼有所育""幼有优育"上不断取得新进展，习近平总书记就学前教育改革发展多次作出重要批示。我国已经进入高质量发展阶段，党的十九届五中全会从国家层面提出了建设高质量教育体系的要求。由此，学前教育已真正成为高质量教育体系的有机组成部分。

"十四五"是学前教育从高速增长向高质量发展转型的关键期，即从公益普惠向优质发展。为此，我们应根据高质量的要求，深入思考学前教育改革和发展中关于"培养什么人、怎样培养人、为谁培养人"的根本问题。2022年2月，教育部印发《幼儿园保育教育质量评估指南》（以下简称《评估指南》）指出，坚持社会主义办园方向，践行立德树人的使命，树立科学评价导向，推动构建科学保教体系，整体提升幼儿园办学水平和保教质量。《评估指南》首次将"品德启蒙"列入幼儿园"办园方向"关键指标，幼儿品德启蒙教育的重要性愈加凸显。

幼儿教育除了文化启蒙，更重要的是良好品德的培养，对于幼儿个体成长与发展具有重要的奠基作用。

《评估指南》颁布两年以来，各地纷纷响应，践行文件精神。但是很多幼儿园依然无法理解和参透《评估指南》的精髓，无法真正落实其精神，不知如何在保育教育中践行。在现实执行过程中文件是文件，保教过程是保教过程，两者出现了剥离，前者成了用来学习的理论，并没有很好地引导后者质量的提高。

怎样在两者之间架起联系的桥梁，让文件的精神落实在保教过程中，更契合一线工作者的需求呢?

本书立足幼儿品德启蒙教育探索与研究，以习近平新时代中国特色社会主义思想为引领，贯彻《新时代幼儿园教师职业行为十项准则》和《评估指南》，从《评估指南》中提取品德教育、保育工作、运动健康、安全工作、一日生活、幼小衔接、师幼互动、家园共育、环境创设、园本教研十个核心方面，分别进行阐述，其内容全面，涉及幼儿园工作的各个方面;每册目标鲜明、主题突出、论述亲切、可读，案例选材经典、主题深入、分析精练，有利于教师灵活使用。

为了增强可读性、时效性和操作性，图书中的案例作者以幼儿园一线教师为主，事件是发生在实际生活中的，建议是基于成功经验的总结和提升的，他们能够以理论为工具，对教育行为和实践进行对照分析，每个案例的说明，都以落实《评估指南》为目标，能尽快提高师德素养与保教能力，也有助于幼儿家长等社会人士了解幼儿品德启蒙教育的相关知识与技巧。

希望本书能够引起广大教师的共鸣，为幼儿品德启蒙教育实践提供借鉴与指导。让《评估指南》不再是文字要求，而是行为自觉。

希望这本书能给幼教工作者们以启发，也希望对幼儿园品德课程改革起到引领、启迪和借鉴的作用。

杨雅清

前言

《幼儿园教育指导纲要（试行）》（以下简称《纲要》）中明确指出：幼儿园必须把保护幼儿的生命和促进幼儿的健康放在工作的首位。《评估指南》中也提到：幼儿园切实把安全教育融入幼儿一日生活，帮助幼儿学习判断环境、设施设备和玩具材料可能出现的安全风险，增强安全防范意识，提高自我保护能力。这要求幼儿园的教育目标必须以幼儿为本，从幼儿生命健康成长的需要出发实施教育，切实提高幼儿的自我判断、自我保护、自我防范的意识与能力。

幼儿园安全工作关系到每个孩子的生命和每个家庭的安宁，在看似简单的一日生活中存在很多安全隐患。如何才能让孩子在幼儿园安全地成长呢？本书分为六章，分别从幼儿园安全工作、环境创设与材料投放、自主游戏、一日生活与过渡环节、集体教学、意外事故几方面入手，系统而全面地阐述了幼儿园安全工作。

3～6岁幼儿好动、好探索、自我中心意识强，但是社会经验少、知识水平低、心理活动和行为无意识强，对周围环境的认识往往比较片面，不能清晰地看到周围环境中潜伏的危险因素，缺乏对行为结果危险性的预测，更不会正确、及时地应对各种突发的危险事件。需要教师利用一日生活中各个环节的教育契机，对幼儿开展适时的安全分享活动，提高幼儿自理、自救的意识和能力，相信幼儿，让幼儿有更多的尝试、探索和调整的机会，帮助幼儿学习判断环境、设施设备和玩具材料可能出现的安全风险，增强安全防范意识，提高自我保护能力。

本书的基本出发点是从幼儿园日常工作的实际出发，结合幼儿园安全事件的具体案例，借鉴一些幼儿园和教师的安全管理经验和教训，尝试提出可供教师有效预防和妥善处理安全事件的整体思路和具体措施。

本书有以下特点：

一是全面性，内容涉及幼儿园安全工作的各个方面和环节。二是实践性，立足于幼儿园安全工作的实际情况编写。三是可操作性，从幼儿在园容易发生的安全事件来写，给出了预防和处理各种问题的实用策略。四是简约性，注重以清晰的逻辑、简明的方式呈现内容。五是丰富性，以案例的方式呈现相关信息，以使教师知其然也知其所以然。

最后，衷心希望每一位幼教工作者都能以儿童为本，用心呵护儿童成长！祝愿每一个孩子都拥有一个幸福快乐的童年！

目 录

第一章　幼儿园安全工作概述

第二章　环境创设与材料投放中的安全

第三章　户外自主游戏与区域游戏中的安全

第六章　常见意外事故

微信扫码
● AI 教学助手
● 内容图谱
● 知识图卡
● 保育笔记

第一章
幼儿园安全工作概述

第一节　幼儿园安全工作概述

一、幼儿园安全工作

安全是幼儿园的生命线，安全工作是幼儿园工作的头等大事。做好安全工作是保证入园幼儿身心健康发展的首要任务，是关系家庭幸福和社会稳定的重要因素。无论是幼儿园方面，还是家长方面、社会方面，都希望幼儿能够平安、健康地成长。一旦发生安全意外，会给幼儿、家庭带来极大的痛苦和伤害，对社会造成不良影响，幼儿园的所有工作在家长眼中都会大打折扣，更会对幼儿园声誉造成严重影响。因此，无论从哪个角度说，安全工作都是幼儿园工作中的头等大事。

从幼儿方面来说，3～6岁的幼儿年龄小，动作发展不完善，缺乏社会经验，对周围环境的认识往往比较片面，极易发生意外伤害。因此，加强幼儿园的安全工作，提高幼儿对风险的识别能力、行动阻断能力，保护幼儿的生命安全，是幼儿园开展各项工作的前提。

从家庭方面来说，每一个孩子都是家庭的希望和未来。孩子的意外伤害不仅会给家长带来强烈的精神伤害，还会给家庭造成巨大损失，甚至引发社会的不稳定因素。因此，做好幼儿园安全工作，对于维护家庭稳定、社会和谐具有重要意义。

对幼儿园来说，保护幼儿生命安全是幼儿园的首要任务。安全工作不仅仅是某个岗位的职责，而是全园教职工的工作职责，园所每个人都需要有安全防护意识。《评估指南》第 17 条考查要点中特别注明了教师要在发生意外时，优先保护幼儿的安全。这既是对教师的职业本能与职业品德的基本考察，也是对幼儿园工作的评估要点。

从法律层面来说，《中华人民共和国未成年人保护法》《中小学幼儿园安全管理办法》等相关法律法规明确规定了对未成年人的保护责任和义务，其中包括了幼儿园的安全保障职责。因此，从法律角度来说，做好幼儿园安全工作，保护幼儿生命安全，也是在履行法律的责任。

二、幼儿园安全工作开展的有效策略

《幼儿园工作规程》中把"幼儿园的安全"以单独章节列出，强调把安全教育融入幼儿园一日生活。幼儿园是进行安全教育的重要场所，安全教育是幼儿园教育的重要组成部分和首要工作。

（1）完善规章制度，规范安全细则。安全的重点在于建章立制，细化管理、抓好落实。幼儿园要建章立制，建立各项安全管理制度，保教人员要熟悉各项安全工作的规章制度，保障各项安全工作落到实处，确保幼儿的安全与健康成长。

（2）健全组织机构，层层传导责任。幼儿园安全工作千头万绪，想做到安全不留死角、不留盲区，需要全园参与、职责明确、责任到人。幼儿园可以成立安全管理小组，明确各岗位安全职责，层层分解，形成网格化管理体系，推动全园教职员工，从后勤到教学再到管理形成一条线，人人参与其中，共同打造安全校园。

（3）提高安全意识，掌握自护技能。幼儿园园长等负责人对安全工作的重视程度影响着全园教职工对幼儿安全的关注度。相关负责人要严格遵守各项安全规章制度，定期开展教职工安全教育培训，不断更新、普及安全管理知识及理念，以增强全体教职工的安全防护意识。教职工要注重对幼儿进行安全教育，提高幼儿的安全意识、自救能力。

（4）协同社会力量，形成保障合力。《纲要》中指出，幼儿园的安全管理与教育需要家庭、幼儿园、社会三方的密切配合。幼儿园需要向家长普及相关安全知识，提升家长的安全意识，助力幼儿安全保障，还可以同社区合作，举办各种安全活动，普及安全防护知识，家、园、社协同，共同为幼儿营造安全的成长环境。

第二节　幼儿自我保护能力的培养

《评估指南》中指出，幼儿园要切实把安全教育融入幼儿一日生活，帮助幼儿学习判断环境、设施设备和玩具材料可能出现的安全风险，增强安全防范意识，提高自我保护能力。安全教育工作要渗透于一日生活各个环节中，要求教师要利用各种契机，对幼儿开展适时的安全教育活动，从而让幼儿逐步建立安全意识，强化安全行为，增强对危险的应对能力。

一、梳理隐患，培养幼儿的安全意识

幼儿园保教人员需要处处留心、用心，定期对园舍、设施设备、玩具材料进行安全检查，发现安全隐患及时处理，并进行记录。除了保教人员按要求定期进行日常检查维护外，作为安全防护"主角"的幼儿，也可以参与隐患排查行动，师幼共同寻找身边的安全隐患，发现问题并解决问题，增强幼儿的责任心和主人翁意识。

教师和幼儿一起寻找游戏区中"哪里有危险"，并设计相应的安全标识，在此基础上梳理出室内外各个区域中存在的"安全隐患"，进行"安全提示"。在进行"安全提示"时，可以采用"实物图片加上幼儿安全提示绘画以及教师文字记录"的方式将提示语言落实到纸上，并将这一区域所有的安全提示语进行汇总，放置到方便幼儿观察的部位。

二、充分感知，在游戏中提升幼儿自护能力

我们常常发现，当教师以说教的方式向幼儿提出"哪里有危险""哪里不能去"的要求时，对于学龄前幼儿来说，这种反向示范的方法反而会提醒他们关注这些行为，进而因为好奇特意模仿危险的行为。随着幼儿对游戏材料、环境、同伴的熟悉，幼儿的好奇心越来越强烈，他们更想去探索"为什么不能去"，萌发"我想去试试"的想法与行动，而在这种情况下往往更容易发生危险。不难看出，教师对幼儿手脚的禁锢与限制，并不能从根本上解决幼儿的安全问题，反而剥夺了他们通过实践操作提升自我保护的机会。

事实上，游戏场是幼儿应对真实风险的"演练基地"。幼儿在真实的游戏场景当中，会获得判断安全风险的能力，会慢慢判断出哪些环境是有挑战性的、是有危险的。例如，在游戏中幼儿将梯子搭成桥，之后根据自己的需求将不同厚度的垫子铺在桥下，作为安全保护。在游戏过程中，幼儿去预判环境当中的风险，他们具备评估风险的能力。在游戏过程中，幼儿的能力在不断提高，最近发展区是他们力所能及的最高水平。如果没有这些真实的游戏场景，孩子是不会获得这种敏感性与能力的。

幼儿的运动能力是在挑战性的运动当中逐步提高的。幼儿的运动能力越强，身体协调能力越强，管理自己身体安全的能力也会越强。例如，在追逐跑的游戏中，幼儿的躲闪、奔跑等大肌肉运动能力、身体灵活性会在一次次游戏中得到提升，发生摔倒、碰撞的几率也会减小；在攀爬网的游戏中，幼儿的手脚协调性、手眼协调能力及身体的力量都会得到增强。在富有挑战性的运动当中，幼儿一次次突破身心运动的阈值，各方面的运动技能逐步提高，一旦遇到危险，幼儿自我保护的可能性便会大大提升。所以，我们要相信孩子，要放手让孩子去玩。

允许每一个孩子在自己的能力水平上自主去做判断、去做决定，放手让幼儿管理自己在游戏时所承担的风险，是很重要的。

三、参与体验，在演练中实施安全教育

幼儿自我保护能力的培养重在发展幼儿的安全意识，增强安全知识和处置危险的具体技能上。结合 3 ~ 6 岁幼儿的认知发展特点，教师可以引导幼儿参与具体的安全防护演练活动来提升他们的自我保护能力。例如，在防火安全教育活动当中，教师可以通过消防演练来让幼儿体验火灾发生时的场景，引导幼儿了解引发火灾的原因、报警救援的方式、正确的灭火方式、逃生方式等，让幼儿学会在突发情况下顺利逃生的方法，在灾害出现后能够沉着冷静、合理、迅

速地保护自己。当然，由于幼儿之间存在年龄、知识水平、已有经验之间的差异，教师需要结合本班幼儿特点向幼儿进行说明。例如，小班可以侧重说明为什么要开展演练，让幼儿做好心理准备；中大班教师要重视丰富幼儿的知识经验，并指导幼儿思考、探讨防灾避震的方式以及避免受伤等自救的方法。

幼儿安全意识和自我保护能力的发展无法通过幼儿园单独来完成，而是需要幼儿园、家庭和社区的密切合作。所以，幼儿园需要在家长、社区的支持下，尽可能地收集各种安全教育资源，为安全教育活动的开展提供支持。例如，积极利用家庭和社区资源，邀请医生、警察、消防员、环卫工人等专业人士，来幼儿园与幼儿共同开展活动，为幼儿安全意识和自我保护能力的培养提供全方位的支持。

第二章
环境创设与材料投放中的安全

第一节　幼儿与环境、材料的互动

环境是隐形的教育资源，高质量的游戏环境能够支持幼儿的游戏行为，促进幼儿学习与发展。广义上我们对游戏环境的认识与理解为：幼儿游戏活动中与周围人、事、物互动所提供的条件，包括物质环境创设、利用与心理氛围的营造。物质环境主要指幼儿园各种游戏空间和场地、游戏材料、游戏时间等；心理环境指环境中的人际关系及心理氛围，包括师幼关系、同伴关系和宽松、自由的游戏氛围等。

心理环境反映了幼儿园园风、气氛和人际关系，这种环境很难被量化，但是它对幼儿的个性、情感和社会发展起着非常重要的作用。师幼之间的情感联系会影响到教师对幼儿的态度和行为方式、师幼间的互动频率及最后的互动效果。因此，教师应当树立正确的儿童观、教育观，把自己看作良好的合作者、支持者，建立尊重、民主、平等、和谐的师幼关系，引导幼儿建立和谐、融洽的同伴关系。

材料是幼儿活动的灵魂，蕴含着教育目标和内容，是幼儿学习内容的载体。幼儿在与材料的互动中主动建构经验，获得发展。

幼儿园室内游戏材料相对来说体形较小、数量较多，在投放材料时应注意选择无毒、无味，且符合不同年龄幼儿的能力差异和发展需要的材料。小班幼儿爱模仿，且动作精细程度和手眼协调能力相对较弱，因此提供的材料数量要充足、尺寸相对大一些。中、大班幼儿的思维发展、认知水平及动手能力都有了很大程度的提高，因此提供的材料种类要更丰富、更为复杂、更具挑战性。

同一年龄段中，幼儿个体的发展水平和速度也存在着差异，且幼儿的性格特点、成长需要、游戏需求等都有所不同，教师需要为其提供种类丰富、数量充足、难度不同的游戏材料，以满足幼儿之间的个体差异，保障幼儿游戏的安全性。例如，教师为幼儿提供的垫子要有大有小、有薄有厚；提供的轮胎要直径不同、种类不同（自行车轮胎、汽车轮胎、平衡车轮胎等）；提供的纸张要尺寸不同、花色不同、材质不同；等等。

户外游戏材料通常尺寸较大，材质以木质、塑料、金属为主，幼儿在户外开展游戏活动时，大部分时间都在与材料进行互动，钻、爬、搬……身体、皮肤都会与材料有大面积接触，同时户外游戏动作幅度和活动量大，材料的稳定性、安全性显得尤为重要。

（1）木质材料的维护与养护。幼儿园需要定期对木质材料进行检查、维护："一看"，看木料是否有破损、歪斜、尖锐边缘等问题；

"二摸"，摸木料是否有倒刺或尖锐的地方；"三查"，检查衔接处是否有松动；"四遮"，阴雨天或夏季中午需要把木料器械运送到遮阴避雨的地方收纳。每次游戏前，班级教师及幼儿进行一次材料的常规巡查，教师要多关注材料的接头和接缝部分，并将有问题的材料记录下来，及时报修；每周后勤教师进行至少一次大排查，并及时对材料进行维修与养护。

（2）塑料材料的维护与养护。塑料材料在存放时需要避免日光长期暴晒，从而延缓表面的老化和褪色，延长使用寿命。此外，需要定期检查塑料材料是否有破损，避免破损处尖锐的切口划伤幼儿。

（3）金属材料的维护与养护。金属材料相对木质、塑料来说硬度要高，日常巡查与使用中要格外注意其是否有尖锐的地方，避免对幼儿造成不必要的伤害。

无论哪种游戏材料、哪处游戏场地都需要定期进行清洗和巡查，确保游戏活动的安全性。

此外，宽敞的游戏活动场地、充足的游戏活动时间也是支持幼儿开展游戏的必要保证。部分幼儿在游戏中需要一定的私密空间，在这里他们可以尽情地体验自我、释放自我。为此，有的幼儿园专门设置了户外小木屋、轮胎房子等相对私密的空间供幼儿使用。教师在为幼儿提供这一空间的同时，要保障幼儿在这一空间的安全性，可以采用和幼儿一起商定在私密空间里的注意事项、定期检查该空间内材料的安全性等方式。

第二节　典型案例

有趣的木头　　　　　　　　　　视频二维码

▶ **案例背景**

　　醒木坊是小朋友们进行木工制作的游戏区域，这里的材料丰富，很快吸引了小朋友们的注意，羊角锤、小手锯、木工尺、钉子、锉刀、砂纸、各种形状的木头……小朋友们初次来到活动区域，在自主游戏的过程中，随之而来的就是各种各样的安全问题。

▶ **案例描述**

　　进入区域以后，小朋友们迫不及待地找到材料进行了创作，但是心心并没有急于选择自己想要的材料，打量了一圈以后，她将棉线手套戴在了手上，戴好护目镜和安全帽，然后不慌不忙地选择材料进行创作。其他小朋友看到心心的"装备"后，都不由自主地跟着学了起来。心心在选择木块的过程当中轻轻抚摸，并拿砂纸将木块进行了打磨。回到教室后，在进行游戏回顾的过程中，心心小朋友分享了自己的经历。原来，她之所以戴棉线手套、护目镜、安全帽和将木块进行打磨，是因为她的姥爷是木匠，姥爷在进行工作之前，会先做好保护措施。小朋友们的安全防护显然有了效果，很少有小朋友在游戏中受伤。

但是，经过一段时间的游戏以后，木头上的钉子越来越多，随之出现了其他的安全问题。小朋友们在游戏的过程中总会被木头上的钉子扎到手，针对这一问题，教师和小朋友们进行了讨论。

糖糖："我也被扎到过，所以我每次拿木头的时候总是先看好哪里没有钉子，然后再拿。"

悠悠："可以把木头上的钉子都拔下来呀！"

红红："为什么戴着棉线手套还会被扎呢？我觉得是手套太薄了，我们可以戴厚一点的手套，钉子扎不破的那种。"

源源："钉子太长了，钉到木头上以后还有尖尖露着。"

……

小朋友们讨论结束以后，教师进行了总结：首先，小朋友们在选择木头的时候要先进行观察，找到没有钉子的安全位置再进行工作。其次，小朋友们在进行工作的时候要做好安全防护，教师也会继续投放厚一些的手套，例如胶皮手套等。最后，小朋友们在工作的过程中要尽量注意不要将钉子裸露出来，选择合适长度的钉子。

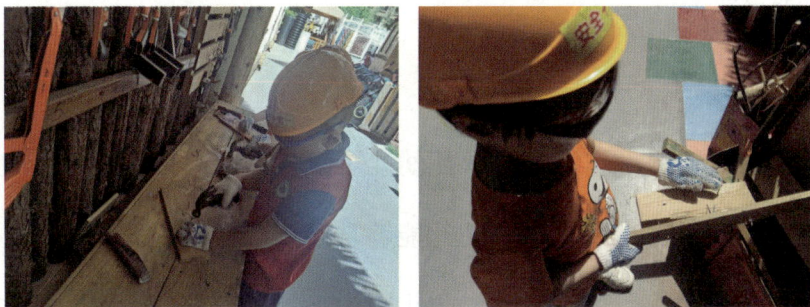

在随后的活动当中，教师不断对材料进行调整，小朋友们也会根据发现的问题进行表征分享活动，并将这些问题分享给其他班级的小朋友，小朋友们在活动中受伤的情况越来越少。

▶ 案例分析

1. 羊角锤、钉子、锯等这些材料可能具有一定的危险性，但是幼儿在敲打、拆装、钉钉子的过程中，也是一个教会幼儿如何进行自我保护，建立安全意识的好机会。

2. 在前期活动的过程中，小朋友们在活动之前会先做好防护措施，然后再进行操作，表明幼儿已经有安全意识，随后的防护措施也会更有成效。

3. 在讨论的过程中可以看出，因为幼儿具有前期游戏经验，所以在处理后续的问题中就能够找到问题所在，并针对相应的问题提出了更多的解决办法。

4.教师在幼儿的讨论中发现了游戏材料的投放问题，于是有针对性地将醒木坊的游戏材料进行了更新和丰富，投放长度不一的钉子和胶皮手套等。

▶ **支持策略**

1.初次在醒木坊活动时要让幼儿了解各种工具的名称和正确用法，共同制定安全守则，在幼儿能够掌握正确使用方式之后，在教师的视线范围内，进行操作，防止因为工具的错误使用对幼儿造成伤害。

2.在游戏的过程中，教师可以投放护目镜、不同材质的手套、不同型号的钉子、安全帽、围裙等以满足幼儿的游戏需要。

3.适时的介入。在醒木坊活动中，幼儿如果反复出现操作失误、工具操作不正确、操作存在安全隐患等问题时，老师一定要及时介入操作，引导、帮助幼儿正确操作。

4.在区域结束后要将材料归位。及时检查材料的使用程度，对有损坏的工具进行维修和维护。

5.幼儿在使用不熟悉的工具材料时，尝试控制力度、调整接触时的距离等，以此来丰富幼儿的游戏经验。

（石家庄市桥西区中山华府海棠苑幼儿园　张梦瑶）

跨海大桥

▶ **案例背景**

　　在开展安吉游戏前，幼儿园里就有户外和班级的建构区，因为建构游戏具有很强的操作性和创造性，所以很受幼儿的欢迎，也经常能看到孩子们有趣的作品。幼儿园将废旧的木头桌整理出来变身成游戏桌投放到户外建构游戏区，新材料的到来，使得孩子们兴致勃勃。由于孩子们对游戏桌的熟悉程度不同，在游戏过程中，孩子们的安全就成了教师需要关注的问题。

▶ **案例描述**

　　在户外建构游戏中，安安和硕硕用游戏桌（长3m、宽2m、高1.2m）和木梯进行连接，搭建了跨海大桥，很多小朋友加入其中，尝试过桥。通过木梯走到桥上后，很多小朋友都停了下来，游戏桌上挤满了人，过了一段时间依然如此。

安安注意到这个情景，说："桥上太多人了，站不下了。"

正在上桥的睿睿听到安安说的话选择自己退了下来。

硕硕听闻马上反应过来："咱们赶紧下去吧。"

有了硕硕的发动，桥上少了很多小朋友。

安安说："那咱们要有几个小朋友在桥上呢？"

朵朵回应："我们可以试一试有几个小朋友在上面才不会拥挤。"

经过多方面尝试，孩子们最后确定了桥上站 4 名小朋友不会拥挤。

老师在旁边关注着孩子们讨论问题的过程，抓拍下这个场景。在游戏的回顾环节，小朋友们提出在游戏过程中桥上人数过多，可以减少到 4 名小朋友在桥上的方法。

通过总结出的方法，游戏一段时间后，桥上的人数减少了，随之又出现了新的问题。一些小朋友站在桥上经常会害怕掉下桥，针对这一问题，教师与幼儿又开始了讨论。

多多说："我爬过去后，感觉自己站得可高了，给我吓一跳。"

晴晴说："我站在上面，看下面很害怕，就不敢动了。"晴晴话音刚落，轩轩说："我也是，我一站到上面，就怕自己摔下去。"

朵朵听到后，说："我在下面扶着你们过桥，这样就不害怕了吧？"

安安思考了一下，提出："我们在桥下铺上垫子，就不会害怕摔下去。"

涵涵说："我们把轮胎放在最底下，上面铺上垫子，这样最安全。"

在讨论环节的最后，教师与幼儿一起进行了小结：

第一，在户外活动时要检查游戏材料的拼接是否有空隙，尽可能将组合材料衔接平整。例如，在游戏桌下放垫子，就可以将垫子紧贴在一起排列，没有空隙的垫子能更全面地起到防御作用，使幼儿的游戏更加安全。第二，在铺上垫子后，如果小朋友还是害怕，不敢过桥，但又很想尝试，可以请同伴陪同。若还是感觉困难，可以请老师手拉手一起过桥。第三，由于垫子重量较轻、体积较大，小朋友在搬运过程中，视线有一定的阻挡，速度可以放缓，可以两人一前一后拿取。在有阻碍物时，前面的小朋友可以通知后面的同伴稍等一下或调整方向，这样游戏的安全性会更高，也会更加愉悦。

在后续的游戏中，老师发现一部分孩子开始在游戏桌下合作垫垫子。他们在垫的时候会检查是否和旁边的垫子紧紧挨在一起；在搬运垫子时，小朋友们两两合作，一前一后，还会相互提醒："前面有小朋友。""慢一点儿。""咱们把垫子摆整齐。"

▶ 案例分析

1.在一些具有挑战性的游戏场景中，幼儿对游戏材料的理解与认知不同，对游戏结果的预设也不同，对是否安全有自己的判断。

2.在建构区投放的游戏材料重量轻、体积大，幼儿在使用过程中，可能会因材料与身高体积存在差距而不易操作。

3.通过幼儿的讨论可以看出，幼儿通过已有经验有一定的危险感知和预判。在讨论分享中，幼儿进行分析并提出安全有效的建议，并应用到了第二次的游戏环节，具有一定的安全防范意识。

▶ **支持策略**

1. 教师在游戏前期尽可能多地对幼儿进行安全方面的知识普及，与幼儿一起讨论、评估在游戏中偶发的风险性、安全性等教育契机，使幼儿在自主游戏中增长安全防护经验和风险判断识别能力，为自主游戏持续稳定地向纵深发展提供动力保障。在整个安吉游戏参与过程中，师幼要有分工，有观察，有指导，教师关注着幼儿的行为举止。

2. 在整个游戏过程前后，准备相关安全标志和指示牌，教师可以将游戏标志及时放置于需要注意的地方并提醒幼儿们及时关注；游戏结束之后，师幼总结此次活动的心得和经验。

3. 要有适宜的安全保护。在幼儿感到危险的时候，教师会及时赶到；在幼儿有危险的行为时，教师就在身旁，幼儿从心理上有了安全感。

4. 户外活动时，老师在信任幼儿的基础上，告诉幼儿在使用器械时可能带来的危险，比如跳绳时用很大力气摇起来，跳绳碰到小朋友，身上很疼，教师可以拿一张纸，让跳绳碰到纸，纸会坏，这时幼儿就会认识到在玩跳绳时要与小朋友保持一段距离。

（石家庄市桥西区中山华府海棠苑幼儿园　王芳芳）

小厨房里的美味

视频二维码

▶ 案例背景

　　娃娃家游戏区域是角色扮演区，富有童趣，可以促进幼儿社会性发展。教师创设的游戏环境是贴近幼儿生活的，小班幼儿在游戏中很容易将游戏的假象与现实相混淆，幼儿有时会将仿真食物当作真实的食物带入角色游戏。因此，材料的安全性便至关重要。

▶ 案例描述

　　小班的"小厨房"区域中，服务员钰钰问昊昊小顾客："您还需要点别的菜吗？"只见昊昊抿着嘴巴回了句不太清楚的话。

　　听昊昊的回答，昊昊嘴里一定有"食物"，教师走上前对昊昊说："小顾客您好，我是这里的厨师，您的这份菜凉了，吃了会肚子痛的，请您把嘴巴里的菜吐出来，我来帮您再热一下吧。"说完，昊昊从嘴里吐出了一个塑料胡萝卜。

　　游戏结束后，教师和幼儿一起进行游戏后的分享。钰钰说："老师，昊昊把玩具放到嘴里了，这样是不对的。"天天补充说："是的，我妈妈说了，玩具上有细菌，吃了会肚子疼的。"钰钰继续补充说：

"老师，我都看见昊昊把玩具掉在地上了，昊昊还吃。"

幼儿针对"小厨房"里的"食物"能不能吃，表达了自己的想法。对此，教师和幼儿一起分享了绘本《不能吃玩具》，让幼儿知道玩具放在嘴里很容易误吞，会发生窒息的危险，希望通过故事帮助幼儿意识到玩具放到嘴巴里是危险的行为，进而改掉这个习惯。

教师继续和幼儿讨论，询问幼儿："小厨房里的玩具不能吃，那我们在游戏中如何表演吃食物呢？"有的幼儿说可以拿起"食物"递到嘴边，嘴巴发出嚼的声音假装吃饭；有的幼儿说"喝饮料"时，嘴巴不要挨住瓶口；等等。教师请幼儿进行演示，并请其他幼儿评选如何表演"吃食物"最为合适，以此帮助幼儿学习如何表演"吃食物"。

接下来教师帮助幼儿认识游戏区域中不同材质的玩具，如塑料玩具、毛绒玩具等，都吸附着灰尘、细菌，放到嘴巴里会影响我们身体的健康。

教师继续拓展话题：还有哪些玩具不能放在嘴巴里？有的幼儿说："美工区的水彩笔不能放到嘴巴里，颜色里面有毒。"有的幼儿说："科学区里的小球不能放在嘴巴里，容易滑到肚子里。"

▶ 案例分析

1.3 ～ 6 岁儿童喜欢通过各种感官来感受事物。因此，教师对区域游戏中的材料做好管理是非常有必要的，如材料不应过小，防止幼儿出现误吞现象等。

2.幼儿很容易沉浸于自己假想的游戏角色中，当幼儿将玩具想象为真正的食物时，便会放入嘴巴中"食用"。

3.从游戏后的讨论，我们可以发现，部分幼儿对于游戏材料有一定的安全意识，会对行为不当的幼儿作出评判。

4.游戏中，教师能够控制自己的情绪，扮演厨师介入游戏，巧妙地解决安全隐患。

▶ 支持策略

1.游戏材料对幼儿的发展存在重要意义，教师应当投放对幼儿无伤害隐患的玩具，投放材料体积不应过小，避免幼儿发生吞食的不当行为。

2.家园教育的统一，可以有效帮助幼儿培养良好的行为习惯。教师可以通过推荐绘本和宣传"吃玩具"的危险性，提高家庭的重视度，帮助幼儿在家中也养成良好的行为习惯。

3. 材料的正确使用、正确取放可以大大降低材料使用的危险性。如剪刀用完后应闭上刀嘴放回到收纳箱。

4. 教师应当注重游戏前后的安全讨论，对于幼儿游戏中出现的安全问题，教师可以采取绘本故事、观看视频、谈话讨论等形式，帮助幼儿树立安全意识，纠正不当行为。

5. 教师可以和幼儿一起商讨、约定游戏规则，请幼儿自己设计的规则，他们会更乐意遵守。将幼儿绘画的规则表征张贴在区域中，以减少安全问题的发生。

（石家庄市桥西区童星幼儿园　檀风梅）

微信扫码
● AI 教学助手
● 内容图谱
● 知识图卡
● 保育笔记

尖利的东西要小心

视频二维码

▶ **案例背景**

新学期活动室墙面进行了新的创设，在墙面的四周做了毛毡板的设计，方便幼儿自己来进行墙面上作品的布置、资料的更换等。孩子们对布置好的环境也充满了好奇，喜欢用小手来摸一摸、碰一碰。为了增加环境创设中的互动性，我们让幼儿自己动手操作，这样还能吸引他们的兴趣。

在互动的过程中，图钉和工字钉是比较容易操作的材料。但是由于这两种材料非常细小且尖锐，所以安全、正确的使用是教师在日常生活中要预设的问题。

▶ **案例描述**

在阅读活动结束后，教师就本次阅读活动提出问题，幼儿将自己对问题的理解用绘画的方式记录下来并挂在阅读墙相应的位置上。为方便幼儿自己进行操作，教师在墙面上为幼儿放置了图钉及配套的燕尾夹。苗苗在教师拿着图钉时用小眼睛仔细地观察，然后说："老师，这个钉子的头好尖啊，一不小心就会扎到手指吧。"说话的同时，小朋友们也围了过来，对着图钉开始观察，一位小朋友伸出小手指跃跃欲试。

苗苗赶紧对他说："不行，危险，你的手指扎破了就流血了！"彤彤从地面上捡起不小心掉落的工字钉，举着对老师说："老师，这个好小呀，也是尖尖的，你用这个帮我把我的画钉在上面吧！""我看看，我看看，"卓卓拿着两种钉子放在一起对比起来，"老师说过，要保护自己，所以我们在用的时候一定要小心，不然手指就会受伤的。"这个问题也引起了小朋友们的讨论：我们怎样保护自己呢？

结合幼儿的生活经验，幼儿对图钉和工字钉的使用都说出了自己所见。苗苗说："我妈妈在家就用这个，不小心钉到过手指，扎了两个洞，都出血了。"

兮兮说："上次我见老师在用那个彩色钉子的时候不小心划到了，我觉得有点危险。"

昊昊说："我们在使用的时候要注意，手指离得远一些，如果工字钉不小心掉落要捡起来交给老师或者扔进垃圾桶里，这样就不会伤到小朋友。"

他们都发表着自己的想法，教师对他们如何使用、怎样保护自己做了总结：

首先，在挂自己作品的时候，我们要保证自己的手指不接触图钉的尖利部分，保证手指不被扎到。

我们不能拿着图钉或者工字钉当作玩具去玩耍，它很尖锐而且很小，如果不小心的话很有可能会扎到眼睛或者进入耳朵里，这是非常危险的。

如果发现在墙面上的图钉或者工字钉不小心掉落要及时捡起来，防止小朋友不小心摔倒时碰到，这样才能保证我们活动的安全，如果遇到困难可以寻求老师的帮助。

在下一次的绘本墙分享时，老师发现，小朋友在放置自己的作品需要使用图钉时，会互相帮忙，他们能在保证安全的前提下去进行自己作品的展示。

▶ 案例分析

1.在进行活动室墙面创设时，我们会选择多种材料进行合理利用。对于一些可操作的材料，存在着一些安全隐患，原因可能是幼儿对于可操作材料的不熟悉、经验不足、自我保护意识不够等。

2. 环境创设中的材料具有多样性，幼儿在操作时容易造成危险。

3. 从讨论发言中可看出，幼儿有一定的生活经验，他们通过生活中的各个环节对危险的事情有一定的预判能力。在交流与讨论后，幼儿可以提出自己的意见与解决办法，有一定的安全意识。

4. 在后续的互动过程中，幼儿会有意识地注意可能存在的危险，还会通过同伴合作等方式来保护自己及他人的安全。

▶ 支持策略

1. 为幼儿创设安全的互动环境，经常对活动室墙面及地面的安全隐患进行排查。

2. 在幼儿进行墙面互动时，教师要仔细观察，就每次互动中出现的问题组织幼儿进行讨论，提出针对性的解决方案并在实践中实施。

3. 在班级设置轮换的安全委员，监督保护小朋友们的安全。培养幼儿责任感，也让幼儿在实践中增强安全意识，学会保护自己及他人。

4. 教师要时刻关注幼儿的表现及安全问题，在必要时给予幼儿帮助但不是包办代替。

5.要及时清点互动环境中图钉的数量，避免因为物品掉落划伤幼儿。

6.与家长沟通，可在家中请幼儿尝试使用摁钉、订书器等工具材料，锻炼幼儿手部肌肉的灵活性，增强自我保护意识。

（石家庄市桥西区童星幼儿园　梁琪儿）

微信扫码

● AI 教学助手
● 内容图谱
● 知识图卡
● 保育笔记

积木太高危险吗

视频二维码

▶ **案例背景**

《评估指南》关于安全防护的评估指标指出：幼儿园切实把安全教育融入幼儿一日生活，帮助幼儿学习判断环境、设施设备和玩具材料可能出现的安全风险，增强安全防范意识，提高自我保护能力。

积木区中，小朋友们发现积木搭太高会出现危险，根据这一发现小朋友们想出了相对应的解决方法。

小羽兴高采烈地来到积木区，他根据自己的喜好，自由地对积木材料进行探索与创造。小羽特别喜欢用垒高的方式搭建房子，他一块块地堆叠着积木，眼神中充满了期待与专注。然而，就在房子即将完工，意外发生了——高大的积木房子突然倒塌，散落的积木几乎快要砸到小羽，面对这一突发情况，小朋友们又会如何应对呢？

▶ **案例描述**

户外活动时间，小羽蹲在地上，专注地挑选着大小和形状不同的积木，用这些积木来搭建他的房子。他小心翼翼地一层一层往上垒，房子越建越高，渐渐吸引了其他小朋友的目光。大家都围了过来，兴奋地讨论着小羽的房子会建成什么样子。

就在大家议论纷纷的时候，突然"哗啦"一声，小羽的房子倒塌了。高高的积木散落一地，有的还差点砸到了小羽。小朋友们惊讶地尖叫起来，纷纷上前关心地问："小羽你没事吧？有没有受伤？""小羽，你的积木太高了，要注意安全呀！"小羽摸了摸头，有些失落地说："我的房子塌了，好可惜啊。"

一直默默关注的老师走了过来，轻轻地拍了拍小羽的肩膀说："我知道你现在会有点难过，我看到刚刚你一直在专心地搭建房子，而且搭得很高呢，真的特别厉害。接下来，我们可以一起找出房子倒塌的原因，让下次搭建的房子更结实。"于是，小朋友们开始围在一起讨论起来。

妮妮说："可能是下面的积木放得少，上面的积木放得多，支撑不住了，他应该下面多摆一些，上面少一点儿。"

可可说："可能是积木放得太密了，没有空隙，可以插空摆放，放好了检查一下有没有插空。"

小雨说："可能是放得太快了，没注意下面积木的变化，摆的有点歪所以才倒了。"

阳阳说："你要是看到积木快倒了就赶紧躲开。"

朵朵说："你得找一块平坦的地方搭建，你看这下面有个小坑。"

……

在孩子们七嘴八舌的讨论后，教师与幼儿一起进行了小结：

第一，要先把最下层的积木地基打好，下面多放一些，上面少放点；第二，让积木摆得松散一些，插空摆放，这样更稳当；第三，摆放的时候慢一点儿，注意看看积木有没有歪，及时做调整；第四，搭建的时候要注意安全，找一块平坦的地方。

一番讨论后，小羽开始尝试用刚才总结的方法去搭建。他先找了一些大块的积木做底座来支撑房子，上面用了一些小块的积木插空摆放搭配起来，搭建的时候小心翼翼的，有的小朋友帮他搬运合适的积木块，还有的小朋友帮他检查积木有没有歪，确保安全。在大家共同努力下，积木区里出现了一座又高又结实的房子。

▶ **案例分析**

1. 小羽选择大小不同积木的行为既有对形状、大小认识，也有对结构、平衡、稳定性的探索。

2. 小朋友们被正在搭建积木的小羽吸引，说明孩子们对于积木区有着强烈的兴趣，会借鉴和欣赏其他小朋友的想法。

3. 教师在关注到积木倒塌之后对小羽进行了安慰并且提出找到积木倒塌的问题所在，采用亲切温和的态度进行对话。

4. 小朋友们不是逃避问题而是帮助小羽一起想办法解决问题，小朋友之间是友爱、关系融洽的。

5. 提出解决问题的办法之后，大家一起尝试办法的有效性，没有搁置当前遇到的问题。

▶ **支持策略**

1. 教师应确保积木区的安全，定期检查积木的完整性，避免使用有破损或尖锐边缘的积木。同时，积木区应设置在平坦、宽敞的场地，避免在拥挤或狭窄的空间进行搭建活动。

2.教师可以通过借用孩子们曾经搭建积木时的经验做法进行示范和讲解，引导小朋友们掌握正确的搭建方法。例如，可以教授他们如何选择积木、如何搭建稳定的支撑结构、如何调整积木之间的连接等。

3.在搭建过程中，教师可以鼓励小朋友们进行团队合作，共同完成任务。同时，可以通过角色扮演、情景模拟等方式，培养小朋友们的沟通能力，让他们在遇到问题时能够相互协商、共同解决。

（石家庄市实验幼儿园　侯世芳）

安全使用刮画棒

视频二维码

▶▶ **案例背景**

在美工区，为了丰富孩子们的创作体验，投放了"刮刮画"这一新颖的材料。每次区域活动时，美工区的"刮刮画"迅速成了孩子们的新宠。

幼儿园致力于为孩子们提供多样化的创作材料，以激发他们的想象力和创造力。"刮刮画"的投放正是这一理念的体现。但与此同时，教师们也面临着孩子们在使用这些工具时安全问题的挑战。刮画棒的一端较为尖锐，确保孩子们在使用其过程中的安全成了老师们必须高度关注的要点。

▶▶ **案例描述**

在某一次的区域活动中，小钰跑过来对老师说："老师，风风用刮画的小木棒划到我手了。"老师低头看了看小钰的手，还好并无大碍。安慰完小钰后，老师抬头看向了风风，风风正突发奇想地将刮画棒插进自己的指缝间，当作尖爪来玩耍，老师立即上前制止。

区域活动结束后，老师让幼儿分享自己的创作感受和刮画经验，并就刚才风风的危险举动提出问题："刮画棒是什么样的？""它会有哪些危险？""怎么安全地使用刮画棒？"

硕硕说："那个刮画棒头上尖尖的，很危险！"

甜甜说："刮画棒很尖，很硬，妈妈对我说不能拿尖尖的东西乱跑，会扎到自己，也可能会伤到别人。"

小雨说："就像串烤肠的那个，妈妈不让我拿着它玩。"

朗朗说："刮画棒只能用来刮画，不能对着小朋友，扎到身上可疼了，还会流血！"

……

幼儿讨论结束后，教师与幼儿一起分析总结，并运用以下方式开展安全教育。

1. 风险案例：让幼儿回忆风风的行为，为什么这是不安全的。

2. 观察刮画棒：一起仔细观察刮画棒的形状和特点，强调尖尖的一端可能带来的危险。

3. 讨论安全用法。

（1）怎样拿刮画棒才是安全的？

（2）使用时要注意什么？

（3）用完后应该怎么放置？

4. 分享经验：请曾经安全使用过刮画棒的孩子分享他们的经验。

5. 总结规则：和幼儿一起总结出安全使用刮画棒的规则，例如：

（1）使用时要小心，避免划到自己或他人。

（2）用完后及时放回原处。

6.强调重要性：让幼儿明白遵守安全规则的重要性，这不仅能保护自己，也让大家都能愉快地使用刮画棒。

7.鼓励监督：鼓励幼儿互相监督，提醒同伴注意安全。

通过这样的讨论，幼儿能够更加清楚地认识到安全使用刮画棒的方法和重要性，提高他们的安全意识。

▶ **案例分析**

　　通过以上案例看出，孩子们对于老师提供的新材料都充满了好奇和兴趣，都想尝试使用新材料进行创作，但对于新材料的使用，孩子们还没有掌握其正确的使用方法以及其中存在的安全隐患。

　　在这样的背景之下，风风的行为凸显出了潜在的安全风险，也凸显出教师在指导孩子们正确以及安全地使用工具方面所承担的关键职责。此外，这一案例也提醒我们，在为幼儿提供丰富多样的活动材料的同时，必须要充分考虑到其安全性，并给予幼儿正确的使用指导，以避免潜在的危险发生。

▶ **支持策略**

　　在美工区中投放的很多材料都存在一定的安全风险，如刮画棒、剪刀、画笔、颜料、美工刀、橡皮泥等。如何让幼儿在使用以上材料或工具的过程中更安全，老师们应提供更多的策略支持。

　　1.安全教育课堂：开展专门的安全教育活动，通过生动形象的图片、视频等方式，向幼儿详细讲解刮画棒、剪刀、画笔等工具的正确使用方法以及可能存在的危险，培养他们的安全意识。

　　2.精心环境创设：在美工区放置刮画棒位置的墙面上，以图文并茂的形式张贴安全提示图片、标语等，营造出强调安全的环境氛围。清晰明确地制定在美工区使用刮画棒的具体规则，如规定不可以将刮画棒插入指缝，使用时要注意力度等。

3.个别指导谈话：针对风风的行为，老师选择合适的时间与他进行一对一谈话，以平和且耐心的方式再次强调安全问题，并手把手地指导他正确使用刮画棒。

4.集体讨论互动：组织幼儿进行集体讨论，鼓励他们积极发言，共同提出在使用工具时应注意的安全事项，并制定安全公约。

5.提供替代物品：提供一些安全且多样化的工具或材料，例如安全剪刀、彩色铅笔等，满足幼儿的创作需求，减少刮画棒的单一使用。

6.良好习惯培养：教育幼儿养成良好的使用工具的习惯，用完后及时放回原处，并整理好美工区的物品。

7.家园紧密沟通：与家长保持密切沟通，通过家长群、家长会等方式，提醒他们在家中关注孩子使用类似工具的安全问题，形成家园共育的良好氛围。

（聊城市茌平区第二实验幼儿园　韩志）

微信扫码
AI 教学助手
内容图谱
知识图卡
保育笔记

第三章
户外自主游戏与区域游戏中的安全

第一节　户外自主游戏安全

《评估指南》中提出：以游戏为基本活动，确保幼儿每天有充分的自主游戏时间，因地制宜为幼儿创设游戏环境，提供丰富适宜的游戏材料，支持幼儿探索、试错、重复等行为，与幼儿一起分享游戏经验，保证每天户外活动时间不少于两小时。因此，在幼儿园一日生活中，户外游戏是幼儿生活中不可或缺的重要内容，而户外区域则是自主游戏开展的重要场所。

户外自主游戏可以为幼儿提供开阔、新鲜的游戏环境，在自然空间里与同伴、材料进行互动学习，对幼儿的情绪情感、社会交往、体能锻炼、动作发展、创造表现等能力培养具有不可或缺的发展价值。在学前教育现阶段的改革与发展中，户外自主游戏，强调了教师在组织与指导幼儿户外游戏中要做到最大程度地放手和最低程度地介入，把发展的自主权还给幼儿，让幼儿能够根据自己的兴趣与需求主动学习，从具体体验到反思观察、抽象概括、行动应用中不断提高学习的深度。教师在活动中的"放手"与支持给予幼儿尽可能的自主性，无疑会增加幼儿的意外伤害几率。因为较大的户外自主游戏空间与游戏中，幼儿的运动速度较快、肢体动作幅度大、情绪兴奋、安全意识薄弱，所以存在一定的安全隐患。

在户外区域创设时，要充分考虑游戏场地的合理划分。结合幼儿园实际情况进行环境分析并统筹规划，按照场地功能、游戏特点等创设有特色的户外环境，必要区域投放安全标识，进行随时随地的安全提醒，充分挖掘户外自主游戏环境为幼儿提供的教育价值。

材料收纳摆放位置需考虑到幼儿身高及取放空间，确保材料取放高度让幼儿触手可及。取放空间要开阔，满足多个幼儿同时取放或多方向取放。制作玩具材料标识，确保游戏材料是幼儿看得见、取得到、收得回的，避免在材料取放中隐藏的安全隐患。

首先，关注游戏材料的投放与材料质量的安全。在材料与工具投放中，选择合标、有趣、无棱角、安全卫生的材料，如果废旧材料再利用，使用前要做好消毒检查和筛选工作。其次，材料投放的丰富性。丰富多样且数量充足的游戏材料能保障幼儿自主游戏的顺利开展，避免因材料不足导致幼儿在消极等待中产生安全问题及冲突隐患。

教师的安全保障工作不容忽视，《评估指南》安全防护指标中明确指出：保教人员具有安全保护意识，做好环境、设施设备、玩具材料等方面的日常检查维护，及时消除安全隐患，发生意外时优先保护幼儿的安全。在活动前教师对活动场地和游戏材料进行安全检查，排除场地及材料的不安全因素，检查幼儿的着装是否适合开展户外自主游戏。活动中，教师之间也要相互配合，共同做好安全工作，分点站好、各司其职，避免因责任不明、疏于看护引发的安全事故，站位随幼儿移动，确保能关注到每一位幼儿的活动行为和精神状态，发生意外时，优先保护幼儿的安全。

教师在"放手"游戏中，要对幼儿的安全管理意识进行转变，成人通常习惯于通过自己的主观意识来判断，尽可能地多为幼儿创设安全的游戏环境，把危险控制在可控范围内，不能低估或忽略了幼儿自身对环境安全性的判断能力。适当让幼儿在游戏活动中获得自我保护意识和方法是十分有必要的。教师可尝试在"放手"自主游戏的过程中，充分相信孩子，给予幼儿自己调整、建构安全游戏环境的机会。从幼儿主动营造的安全游戏环境中，提高幼儿的自主性和积极性，养成良好的行为习惯，在积极的师幼互动中进一步提升幼儿的安全意识，这正是自主游戏安全中的重要部分。

第二节　户外自主游戏典型案例

初探组合梯

▶ 案例背景

　　组合攀爬区新投放了一批木质组合梯游戏材料，它是由长短不同的木板、直梯和高矮不同的梯形木架组成的，这些"新奇"的材料很快吸引了果果班幼儿的围观，大家都跃跃欲试。由于是初次接触组合梯材料，幼儿对器械还比较陌生，在游戏搭建组合过程中，孩子的安全就成了教师必须关注的问题。

▶ 案例描述

　　由于是初次尝试新的材料进行游戏，教师并没有急于"放手"请幼儿自主游戏，而是带着他们参观、体验了大班哥哥姐姐们搭建和游戏的场景。有了这次互动体验，幼儿对组合体的材质和组合方法有了简单了解。

体验活动结束后，老师邀请幼儿分享自己的感受和游戏经验。糖糖说："我从横着的梯子爬过去的时候，不小心滑了一下，但是没从梯子的中间掉下去，可把我吓了一跳。不过在老师的帮助下我还是慢慢走了过去。"糖糖的话音刚落，小米接着就说："我在爬这个高高木梯的时候，也有点害怕，害怕掉下去。""可是怎么办才能不掉下去呢？"晨晨问。于是，这个问题引起了小朋友们的讨论。

幼儿结合自己的生活和游戏经验，就"如何安全通过高木梯"畅所欲言，提出了很多的可能性。

童童说："爬上去以后双手要抓稳，紧紧地抓着两边，不能松手。"

沐沐说："要把鞋穿好，我妈妈说玩的时候不能穿不舒服的鞋。"

丽丽说："找老师帮忙也可以，让老师在旁边保护我们，不用害怕。"

晴晴说："蹲着慢慢过，眼睛看着脚底下，看准了再走。"

……

在讨论环节的最后，教师与幼儿一起进行了小结：

第一，在户外活动前我们要检查自己的衣服和鞋子，鞋子的大小是否合适，鞋带是否牢固，鞋底是否防滑，舒服合适的鞋子能支持我们的攀爬游戏更加好玩和安全。第二，在使用组合梯进行游戏时，小朋友如果感觉前面的障碍不好走或有危险，但又很想尝试，就可以请老师在旁边进行保护，双手抓稳两侧，慢慢地踏出第一步，稳稳向前试着走，如果还是觉得有些困难，可以让老师拉着手通过。除此之外，我们还要关注搬运和搭建中的安全。比如：组合梯材料很沉，小朋友们在搬运和搭建的过程中可以两个或三个人一起合作，并且拿好搬稳，在拿不动的时候可以通知一起搬运的同伴放下休息一会儿，组合搭建好后，一起检查接口处是否牢固，这样的游戏更安全也会更加愉快。

在第二天的游戏中，老师发现果果班的一部分孩子合作搬运木梯材料进行搭建，搭建后还会晃一晃，检查看看组合得结实不结实。在攀爬搭建的木梯时，幼儿双手紧紧抓牢两边，小脚慢慢向前走，偶尔还会互相提醒"慢一点，不要着急！""你小心哦！""你别着急，等我走了你再接着走。"当有的小朋友感觉自己走得很稳当时，他尝试自己慢慢站起来，小心翼翼地通过，但这并不是莽撞，因为当他们觉得有些危险时，会自己蹲下来。

▶ 案例分析

1. 在面临一些具有挑战性游戏场景时，会存在一些安全隐患，如踩空、滑落等，产生原因可能会是幼儿接触新的游戏材料时，经验还没有建立起来，相关的生活经验也要在游戏中逐渐迁移。

2. 组合攀爬区里投放的游戏材料比较大型或有一定重量，幼儿在材料搬运或使用的过程可能会因臂力不足，身高与材料大小悬殊等原因不好操作。

3. 从讨论发言中可看出，幼儿有一定的游戏经验，对一些潜在的危险有感知、预判。在分享环节中，通过老师的引导讨论，幼儿可进行分析并提出一些有效的安全建议，有一定的防范意识。

4. 在第二次游戏尝试中，幼儿有意识地使用讨论后的安全方法，说明幼儿通过集体分享活动掌握了对组合梯使用及游戏过程中的安全防护要点。

▶▶ **支持策略**

1.班级内定期或随机组织幼儿通过多种形式开展安全教育活动，依托安全教育引导幼儿自己去发现、判断安全风险，提升其安全防护的技能。

2.游戏中教师要给予幼儿安全的游戏环境，关注幼儿的游戏进展和游戏安全，不刻意鼓励幼儿挑战，尊重幼儿个体发展水平差异，避免幼儿被迫勇敢造成了恐惧或莽撞。

3.在游戏前后，可结合图片、视频等引导幼儿讨论活动中可能发生的安全问题，提前预判，树立安全防范意识。在讨论中,教师可适时抛出一到两个具象问题，促成讨论的有效性，从而增长安全防护经验和风险判断识别能力。

（石家庄市桥西区中山华府海棠苑幼儿园　刘迪）

嘭，撞啦

视频二维码

▶ 案例背景

海棠驿站投放了一批骑行的小车，不仅有扭扭车、平衡车，还包括三轮车、小推车、双人自行车等，给予了孩子们更多的游戏选择。这些"新奇"的小车很快吸引了朵朵班幼儿的围观。孩子们喜欢载人兜风，结对追赶，玩得不亦乐乎。但也逐渐暴露出一些问题，如参与游戏的人多，玩结对追赶游戏中易出现场面失控、撞车等安全问题。如何保证孩子的安全就成了教师必须关注的问题。

▶ 案例描述

孩子们来到骑行区，都争先恐后地去选自己"中意"的小车。游戏刚开始就出现抢车现象，撞车现象也随之而来。只听见"嘭！"的声音，一场"撞车"事件发生了。有的孩子骑车太快，刹不住车；有的孩子在骑行赛道上随意掉头，造成道路拥堵。最后导致大家都挤到了一起，无法前行。但是孩子们依然沉浸在骑车的快乐中，并没有意识到问题。

户外活动结束后，老师邀请幼儿分享自己的感受和游戏经验。睿睿说："马路上的小车太多了，小朋友们随便骑来骑去，我都骑不开。"睿睿的话音刚落，左左接着就说："有的小朋友乱停车，挡住了马路，我都过不去啦！""有的小朋友骑车速度太快，都撞到了我的小车。"卓卓有点激动地站起来说。如何避免撞车呢？这个问题引起了小朋友们的讨论。

幼儿结合自己的生活和游戏经验，就"如何不再撞车？"这个问题畅所欲言，提出了很多的可能性。例如：

萌萌说："可以请交警叔叔来帮忙，我可以当交警来指挥交通。"

小九说："可以在马路上放上红绿灯，这样就可以知道什么时候要停车啦！"

豆豆说："骑车时，不可以和前面的小朋友离得特别近，要不然就刹不住车。"

小越说："马路上面都画着线呢，我们都按照画线的方向骑小车，就不会撞车了。"

......

在讨论环节的最后，教师与幼儿一起进行了小结。

第一，在户外游戏前，教师开展社会活动"认识交通标志"，在讨论和互动中，小朋友们一起了解交通标志，知道了安全行驶的交通规则。

第二，为了让孩子们更好地知道骑行的规则，设置安全员"小交警"的角色，孩子们通过学习，认识了各种各样的交通指挥手势，并且在户外游戏时，请几名幼儿充当马路上的"小交警"。

第二天，老师和孩子们一起将制作的红绿灯、禁止停车等标识投放到户外骑行区。安全员"小交警"也已经上岗啦！快乐的骑行游戏又要开始啦！"小交警"负责地站在马路上，指挥来来往往的小司机，红绿灯成了他们指挥交通的重要道具，"请停车！""请掉头！"小朋友们在"小交警"的指挥下，安全地行驶在马路上。

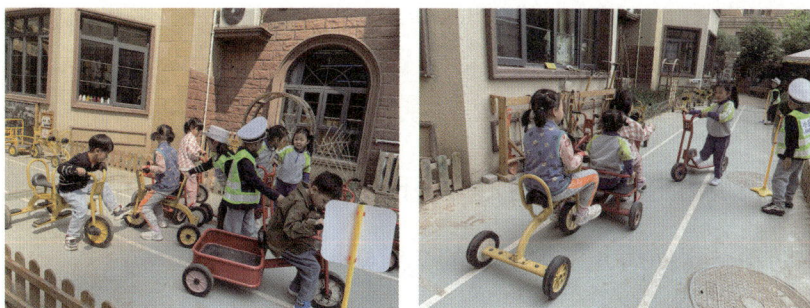

▶ **案例分析**

1. 孩子们在骑行过程中，接二连三地出现"交通事故"，主要是因为孩子们对"红灯停、绿灯行、保持车距"等基本的交通知识并不了解，没有形成规则意识。

2. 《3～6岁儿童学习与发展指南》（以下简称《指南》）中指出，创设丰富的教育环境，最大限度地支持和满足幼儿，通过直接感知、实际操作和亲身体验获取经验的需要。在提供交通标志、交警衣服等多样化的游戏材料后，孩子们的游戏情节更加丰富有趣，不再只是简单的骑行绕圈。

3. 从讨论发言中可看出，幼儿有一定的游戏经验，对堵车、撞车等潜在的危险有感知、预判，在分享环节中，在老师的引导下，幼儿可进行讨论分析并提出一些有效的安全建议，有一定的防范意识。

4. 在第二天的户外游戏中，幼儿有意识地在"小交警"的指挥和交通信号灯的指示下安全行驶，说明孩子们已经构建了关于规范交通的意识。

▶ **支持策略**

1.班级内定期通过多种形式开展交通安全教育活动，依托集体教育活动，帮助幼儿了解更多的交通知识。

2.游戏中教师要给予幼儿安全的游戏环境，关注幼儿的游戏进展和游戏安全，结合具体游戏情境，设置安全员小交警角色。

3.在游戏前后，可结合图片、视频等引导幼儿讨论如何在游戏中保护自己的安全，把问题抛给幼儿，支持幼儿自主思考、解决问题。

（石家庄市桥西区中山华府海棠苑幼儿园　刘芮宏）

微信扫码
AI 教学助手
内容图谱
知识图卡
保育笔记

遇见"泥"保护"你"

视频二维码

▶ 案例背景

泥巴厨房里,孩子们像往常一样开心地玩着。泥土极强的可塑性深受幼儿喜欢,孩子们在泥巴厨房里专注地游戏,丰富了幼儿对泥土的感观体验,他们团、搓、揉、捏,天马行空的想象创作出不同美食作品。

突然,我听到"铛"的一声,小宇拿着一块硬泥巴扔到晨晨碗里,晨晨可怜巴巴地看着我,说:"老师,小宇扔我。"我回头看小宇,小宇还委屈地说:"我刚才舀土的时候舀在锅里的,我不想要,就想扔了。"晨晨呢,根本不知道小宇想干什么,就又把土块扔回到小宇的锅里,两个人谁也不让谁,就发生了刚才的一幕。泥土在塑形结块之后变得又干又硬,孩子们再次游戏的过程中很容易发生危险，如何处理这些游戏残留物，引发了我对泥巴厨房安全问题的思考。

▶ 案例描述

看着小宇和晨晨你一言我一语继续争执不休，教师捡起造成争端的罪魁祸首问："这是什么？"

小宇："硬泥巴。"

晨晨："大土块。"

教师："从哪儿来的？"

小宇："捡的。"

教师："泥巴厨房都是松软的泥土，怎么会有这样的硬土块呢。"

听到我们的议论，旁边的小朋友围了过来。

宁宁说："老师，我这也有。您看，像一个小包子。"

木木说："我这好像一串冰糖葫芦。"

……

孩子们七嘴八舌，一边说着一边变成了探索发现之旅。不一会儿，我面前摆了很多奇奇怪怪的"小艺术品"，有能看出形状的，有能猜出来大概是什么的，还有干脆就是硬土块的。

那它们是怎么来到泥巴厨房的呢？我们应该怎么处理它们？

……

教师和孩子们展开了讨论，发现：

第一，我们发现泥巴厨房每次都有很多散落的泥巴作品，大概都是上次的小朋友玩完之后留下来的。第二，用泥巴做的这些食物作品，经过晾晒都变得很硬，没有办法二次使用。第三，我们在玩的过程中，如果需要新制作一些食物，这些作品扔得到处都是，会影响到我们的制作。第四，旧的泥巴食物也不是完全不能玩，比如这串糖葫芦，我们就可以直接用了。

针对以上问题，我们活动完应该怎么做呢？

孩子们纷纷表示，我们要把做的泥巴作品收起来，不能扔得到处都是；好的作品我们可以摆在餐桌上，让大家欣赏一下或者下次接着用；也可以暂时放到一个角落保存起来；还可以在泥巴厨房放一个垃圾桶，不用的可以扔到垃圾桶里。

活动结束后，孩子们首先把工具进行了归位，然后把自己手里的泥巴作品存放到了泥巴厨房的角落里，有些细心的小朋友甚至把之前的泥巴作品也捡了起来。

▶ **案例分析**

1.泥巴厨房发生的这次事件，是幼儿在自主游戏过程中发生的。教师敏锐地捕捉到了这次安全教育的契机，并及时和孩子们进行了互动，共同讨论解决问题的办法。

2.在讨论环节，可以看到幼儿有一定的探索能力，对找来的小土块能够提出一些好的安置建议。

3.幼儿对于临时出现的安全问题，能够规避一些潜在的危险，对于硬泥土块不扔来扔去，而且通过教师的引导，可以提供一些比如"摆放在餐桌上供大家欣赏"和"扔掉一些没用的"等有效的防范风险的办法。

4. 泥巴厨房是孩子与自然物质近距离的接触，丰富了幼儿的感官体验。幼儿在这里合作、交流、分享，增强了自信，促进了语言发展，提升了解决问题的能力。

▶▶ 支持策略

1. 设置陈设架，对于孩子们认可的优秀泥巴作品，或者下次游戏还可能用到的、不愿意破坏的，都可以作为作品展示存放起来。

2. 准备小超市购物车，把泥巴厨房的作品运送到涂鸦区，让涂鸦区的小朋友进行彩绘，打破区域局限，让泥巴厨房作品变成涂鸦区的活动资源。

3. 在泥巴厨房里放置"厨余垃圾桶"，回收每次活动完没用的厨余垃圾。

4. 游戏时，教师的站位要合理，确保能关注到活动场地里的所有幼儿，活动中的安全和指导同步进行。

5. 游戏结束后，组织幼儿将物品归类放置，清理大块头的泥巴。

6. 定期平整泥巴厨房的场地，保障下次活动使用安全。

（石家庄市桥西区童星幼儿园　张丽丽）

听！滚筒里有回声　　　　　　　　　　　**视频二维码**

▶ 案例背景

《评估指南》关于安全防护的评估指标指出：幼儿园切实把安全教育融入幼儿一日生活，帮助幼儿学习判断环境、设施设备和玩具材料可能出现的安全风险，增强安全防范意识，提高自我保护能力。

搭建区来了新材料——PVC滚筒。面对新的游戏材料，出现了多种不同的玩法。楷楷第一次跟滚筒做游戏，他想听一听滚筒里的回声，但是由于新滚筒比较轻，楷楷刚一上梯子就出现了晃动。随后，楷楷开始寻找梯子晃动的原因，并在一次次验证中找到了合适的搭建方法。

▶ 案例描述

户外游戏时间到了，楷楷跑到自己喜欢的搭建区，左看看，右瞧瞧，最后选择了滚筒和木梯。他对旁边的成成说："你听过滚筒里的回声吗？我想听听滚筒里有什么样的声音。"

楷楷将滚筒推到一个比较宽敞的地方，然后把滚筒立起来，接着把木梯搭在滚筒上，顺着木梯往上爬。但是刚一上去，木梯就开始晃动，楷楷只好从木梯上下来。

他用手晃晃木梯，又推推滚筒，嘴里小声嘀咕着："为什么我用手推的时候木梯不动，但是我刚才爬上去的时候木梯就开始晃呢？"

楷楷又用手推了推木梯，看到木梯没有晃，于是再次爬上木梯进行第二次尝试。结果，楷楷刚一上去，木梯又开始晃动，楷楷只好再次从木梯上下来。

这次，楷楷没有用手晃动木梯和滚筒，而是直接把木梯从滚筒上拿下来，试着爬上滚筒。

楷楷手扶着滚筒，用力向上跳起，但是还没等他跳上去，滚筒就开始往楷楷身体的方向倾斜，楷楷没站稳，也跟着往后倒。老师看到向后倒的楷楷，立马上前并用手托住楷楷的后背，楷楷这才没有摔倒。

楷楷把滚筒放好，再次看向搭建区的材料。只见他又推了一个滚筒，并把它立起来紧挨着第一个滚筒。随后，楷楷再次把木梯放到滚筒上，用手晃动木梯，确认木梯没有动，楷楷又顺着木梯往上爬。这一次，木梯和滚筒都没有晃动。

楷楷没有爬到木梯顶端，而是从木梯上下来，把第二次搬来的滚筒移走，用手推了推木梯和滚筒，看到木梯和滚筒都没有晃动，他接着爬上木梯确认它是否晃动。和第一次一样，当楷楷爬上去的时候木梯又开始晃动。于是楷楷再次将移走的滚筒搬回，紧挨着第一个滚筒放好，并再次爬上木梯确认，这次木梯没有晃动。于是楷楷爬到木梯最顶端，进入滚筒里面，将耳朵贴近滚筒，一会儿用左边的耳朵听一听，一会儿用右边的耳朵听一听。过了一会儿，他站起来对成成说："我终于听到滚筒里的回声啦！你也快从木梯上爬进来，我们一起听。"

成成听到同伴的呼唤，跑到滚筒边看着楷锴说："真的有回声吗？让我来听一听。"

两个人听着滚筒里的回声，还时不时地说着什么，似乎又有了新发现。

▶ **案例分析**

1.幼儿可以自己选择游戏区域、材料和游戏方式，可以看出幼儿有自主游戏的经验。

2.当木梯第一次出现晃动时，幼儿没有继续爬上木梯，而是下来后通过用手晃动木梯和滚筒的方式，确认它的稳固性，可以看出幼儿自身具有安全意识，具备安全游戏的经验。

3.在幼儿的尝试中可以看出，面对游戏中出现的木梯晃动、滚筒倾斜等安全隐患，幼儿可以进行独立思考并通过不断尝试的方法去解决问题。

4.当游戏中出现安全方面的问题时，教师没有马上阻止幼儿的游戏，而是通过观察，在第一时间给予一定的帮助，避免安全事故的发生。

5.幼儿通过增加游戏材料的方式来解决木梯晃动的问题，保证自己在游戏中的安全。这里可以看出游戏区域中的材料数量充足，可以支持幼儿在游戏中不断探究、试错，解决游戏中出现的问题。

▶▶ **支持策略**

1. 为幼儿提供自主选择游戏区域和材料的机会。

2. 为幼儿提供充足的游戏材料，支持幼儿在游戏中利用已有经验进行探索和试错。

3. 利用游戏前后的时间与幼儿一起讨论游戏中可能存在的安全隐患，提高幼儿的安全意识，丰富幼儿的经验。

4. 游戏中，教师应合理分配站位，确保能观察到每个幼儿，当游戏中出现碰撞、挤压和摔倒等问题时，教师可以在第一时间保证幼儿的安全。

（石家庄市实验幼儿园　高敏）

攀爬我能行

▶ 案例背景

在幼儿园宽敞的沙池中，有一个特别受孩子们喜爱的山坡攀爬区，在这个区域里充满了挑战和乐趣，吸引着孩子们纷纷前来探索。山坡上覆盖着柔软的细沙，为孩子们提供了良好的攀爬条件，攀爬网则巧妙地架设在山坡上，与周围的自然环境融为一体，为孩子们的攀爬活动增添了一份刺激。在这个充满活力的场景中，孩子们可以尽情地释放他们的天性，挑战自我，发展身体协调性和平衡能力。然而，正是在这样一个充满乐趣的地方，老师们发现了一些潜在的安全问题。

▶ 案例描述

在沙池中的山坡攀爬区，孩子们正兴奋地挑战着攀爬网。然而，老师注意到，有几个孩子在攀爬过程中，总是会从半山腰滑落下来。每当他们滑落时，手掌都会紧紧地贴着爬网，与之产生剧烈的摩擦，让人担心不已。

泽泽看起来特别努力地想要爬到山顶，他的小脸因为使劲而涨得通红，额头上也布满了细密的汗珠，但攀爬到一半就已经气喘吁吁，难以继续。"哎呀，好累啊。"泽泽说，"安安，你拉我一下可以吗？我实在是爬不动了。"比泽泽爬的稍远半米的安安说："行！你等我一下啊，等我爬上山顶后，就把你拉上去。"说完，安安就继续用力向山顶爬了过去。旁边的诺诺则似乎有些害怕，她在攀爬时总是小心翼翼，生怕自己掉下去。即便如此，她还是好几次因为没有抓住攀爬网而滑了下来。老师站在一旁，时刻关注着孩子们的一举一动，准备在需要的时候立刻伸出援手，以确保孩子们的游戏安全。

休息时间到了，老师邀请小朋友们分享了自己刚刚的游戏过程。

"我一开始往上爬的时候，速度特别快，可是刚爬到一半，我就觉得没力气了，于是我就喊安安把我拉上去。安安自己爬到山顶后，伸出手拉了我一把，我才爬上去的。"泽泽说。

"对的，我是第一名爬上去的，我的力气可大了。每个周末姥姥都会带我到公园、游乐场去爬山，或者爬攀爬网，每天我还会和爸爸一起锻炼身体，所以爬这个山坡，对我来说就是'小菜一碟'，太简单啦！"安安说。

诺诺说："我爬上去一会儿之后，觉得网子不好抓，手上一直出汗，最后滑下来了。网格要是稍微大一点儿就好了。太小了我担心会卡住手，所以有点儿害怕，不过还是很想尝试。"

然然说："我也很想试试，可是刚才我爬的时候，刚把手伸到上面，诺诺就从上面滑了下来，我怕她下来的时候会撞到我，所以一下子就躲开了。一会儿等她爬过去了我再爬。"

……

66

听了大家的分享后，老师和小朋友们一起总结道："攀爬的时候要注意观察上方有没有小朋友，需要保持安全距离；抓网格的时候注意，手要及时拿出来，不要卡在里面；平时要多锻炼，增强身体的力量；游戏中遇到困难时，可以和同伴合作想办法解决……"再次游戏的时候，小朋友们用自己的方法顺利爬过了山坡。

▶ 案例分析

1.幼儿个体差异：不同幼儿的身体素质、运动能力和平衡感存在差异，一些幼儿可能相对较弱，在攀爬时更容易出现困难和危险。

2.安全意识与技能不足：幼儿可能对攀爬的危险性认识不足，缺乏必要的安全技能，如正确的攀爬姿势、手脚协调等。这可能导致他们在攀爬过程中容易出现失误，增加了滑落和受伤的风险。

3.攀爬网设计问题：攀爬网的设计可能不太合理，例如网眼过大或过小，摩擦力不足等。

4.缺乏保护措施：现场可能缺乏必要的保护措施，如软垫等，使得幼儿担心滑落受伤而产生恐惧。

5.紧急应对能力欠缺：幼儿在面临意外情况时，可能缺乏紧急应对的能力，无法有效地保护自己或寻求帮助。

▶ 支持策略

1.个性化关注：教师要了解每个幼儿的身体状况和能力水平，

给予个性化指导和帮助，确保他们在攀爬活动中接受挑战和保护。

2. 安全教育与培训：开展专门的安全教育活动，向幼儿传授正确的攀爬技巧和安全知识，如如何正确使用手脚、保持身体平衡等。同时，可以通过模拟演示等方式，让幼儿更加直观地了解危险情况和应对方法。

3. 设施改进与维护：定期检查和维护攀爬区的设施，确保其安全性。例如，检查攀爬网的牢固程度、是否有破损等，如有破损，及时修复或更换。此外，可以根据幼儿的身高和体力，调整攀爬网的高度和难度。

4. 提供必要的防护装备：在攀爬区周围设置合适的防护装备，如软垫、防护网等，以减少幼儿在攀爬过程中受伤的风险。

5. 加强监督：在活动过程中，教师要密切关注幼儿的攀爬行为，及时发现并纠正不安全的动作，确保每个幼儿的安全。

6. 鼓励团队合作：引导幼儿在攀爬过程中相互帮助、协作，共同完成攀爬任务。这样不仅可以提高幼儿的团队意识，还能增加他们的安全保障。

7. 与家长沟通合作：与家长保持密切沟通，让他们了解幼儿在园内的活动情况，提醒家长在日常生活中加强对幼儿的安全教育，提高安全意识。

（聊城市东阿县姚寨镇中心幼儿园　张萌萌）

沙水小天地

▶ 案例背景

  幼儿园的沙水区是孩子们最喜爱的游戏场所之一，沙和水的流动性及不确定性能够带给幼儿更多探索的可能性，而他们面对未知的事物也往往具有更大的好奇心。沙和水作为天然材料，也极大程度上满足了孩子们亲近自然的愿望。在这里，孩子们经常会利用各种工具在沙池里拍一拍、挖一挖、堆一堆，在这一沙一水间，孩子们充分地发挥着自己的创造力和想象力。然而，由于沙水区的特殊性，安全问题一直都是老师们关注的重点。

▶ 案例描述

  孩子们正在沙水区欢快地玩耍着，萱萱突然大声对着水渠喊道："水又不流了，是不是又漏水了？"另一头的乐乐回应道："是的，两个管道的连接口开了，接不上了。"萱萱看着眼前的情景，自告奋勇地说："没关系，我来帮你们连接吧。"她小心地走到水渠旁，蹲下身子，仔细观察着连接口的状况。萱萱轻轻地拿起连接管，尝试将它们对接在一起，她一边操作，一边还不忘跟旁边的乐乐说："连接的时候要小心哦，上次我就被这个连接管夹到了手，受伤了呢。"乐乐听了，连忙点头表示知道了。萱萱努力了一会儿，终于成功地将连接管接上了。她高兴地站起来，拍了拍手，脸上洋溢着自豪的笑容。其他孩子们也围过来，纷纷为萱萱的勇敢和聪明点赞。

"萱萱，你太厉害啦！你是怎么做到的啊？"小熙问道。"很简单呀，连接的时候要把两个口对整齐，细一点的口要插到粗一点的口那里，还需要拧紧，不然水会漏出来的。"萱萱解释道。"可是我刚才接的时候怎么也接不上啊，两边的口怎么也对不整齐。"乐乐说着随手拿起地上的管子边演示边说，"就像这样。"只见小熙抬高中间的接口，使劲地把接口对住，却总也弄不紧，还划伤了手指。萱萱仔细地看了又看，"我知道了。"萱萱说，"因为两边的管子都很长，在拧的时候得把它们平整地放好，这样粗口和细口上的螺纹才能拧住。只抬高中间的接口，里边的螺纹是对不准的。而且手要离接口远一点儿，要不容易被挤住。"听了萱萱的解释后，小熙恍然大悟。

▶ 案例分析

1.安全意识与风险认知：萱萱在帮助其他孩子解决问题时，能够意识到连接管可能带来的危险，并提醒乐乐小心操作，这显示出她对安全问题的敏感性和对风险的认知能力。

2.问题解决与动手能力：萱萱主动尝试解决管道连接问题，展现了她较强的问题解决能力和动手实践能力。

3.经验分享与互助精神：萱萱将自己的受伤经历分享给乐乐，提醒他注意安全，这种经验分享有助于同伴之间相互学习和提高安全意识。同时，她的主动帮助体现了集体互助精神。

4.教师引导与教育机会：教师可以利用这个案例，引导孩子们讨论在沙水区活动时如何注意安全，培养他们的安全意识和自我保护能力。同时，可以让孩子们思考如何更好地解决类似问题，提高他们的问题解决能力。

▶ 支持策略

1.安全教育常态化：将安全教育融入日常教学中，定期开展安全教育活动，让孩子们了解沙水区的安全规则和注意事项，学会规避沙水区活动中潜在的危险，深刻理解安全的重要性。

2.提供必要的技能培训：针对沙水区活动，给予孩子们正确使用工具和设备的培训，提高他们的操作技能。

3.加强监督与指导：教师在沙水区活动时要监督到位，及时发现并排除安全隐患，指导孩子们安全地进行游戏。

4.检查和维护活动设施：定期检查沙水区的设施，确保其安全性和可靠性，对于存在隐患的设施要及时维修或更换，避免因设施问题导致安全事故的发生。

5.鼓励分享：鼓励孩子们分享自己的经验和教训，让大家共同学习，提高安全防范意识。

（聊城市东阿县姚寨镇中心幼儿园　张萌萌）

第三节　区域活动中的安全

　　区域活动是幼儿一种重要的自主活动形式，区域是存放材料的空间。幼儿在游戏中可以自主确立游戏主题、决定游戏玩法、挑战游戏材料、选择游戏场地及伙伴，满足自主选择、主动学习、自由探索、不断建构经验。因此，在开展班级区域游戏时，教师需考虑以下几点内容。

　　首先，在创设班级区域时要注重环境、材料及设备安全。例如，合理规划活动区域，保证幼儿有足够的活动空间，充足的光线，活动区域没有锐利边角，玩具柜稳固，无螺丝松动或其他潜在危险，根据教室面积与人数合理安排活动桌椅。在投放材料时要选择适合幼儿年龄的安全玩具，种类丰富，数量充足，符合国家标准。投放废物利用的低结构材料，要保证材料的环保性与卫生性，投放前做好前期加工与消毒工作。定期对游戏设备、玩具材料等进行检查，确保其完好无损，保持活动区域的清洁，避免细菌滋生。

　　其次，根据幼儿年龄和能力安排适宜、适度的游戏活动。在开展区域活动时，教师密切观察幼儿活动，及时发现潜在的安全隐患，并采取有效措施进行干预。区域游戏开展前后，教师可通过游戏策划、游戏分享等，引导幼儿遵守区域活动规则。教师针对区域环境、幼儿游戏中的行为、安全意识等与幼儿进行有意识的讨论，引导幼儿对游戏环境、材料、行为的安全性给予关注和思考，帮助幼儿增强安全意识和安全行为。师幼共同参与讨论或制定游戏规则或活动常规，逐步将其内化为活动规则。

最后，在区域活动开展过程中，教师需实时留意幼儿的游戏进展与同伴之间的交往情况，如发现危险动作或不安全行为，及时干预，并记录观察到的安全问题，及时反馈总结并采取措施改进。幼儿园区域活动中的安全至关重要，保教人员要处处留心、用心。

微信扫码
- AI 教学助手
- 内容图谱
- 知识图卡
- 保育笔记

第四节　典型案例

小风车上的尖尖角

视频二维码

▶ **案例背景**

在区域活动时，美工区新投放了塑封好的塑封膜作为手工材料，孩子们对这一新添置的材料充满了好奇。果果和乐乐拿起来左看右看，看完后便拿起水彩笔在塑封膜上进行绘画，制作成了小风车。在欣赏作品时，果果和乐乐发现了小风车上的尖尖角。

▶ **案例描述**

在区域活动时，果果和乐乐一同选择了美工区进行活动。他们对新添置的塑封膜非常感兴趣。

果果问："这个可以做什么？"

乐乐回答："做小风车吧，我们可以挂起来。"

他们两个开始用塑封膜制作风车，果果在塑封膜上用水彩笔画了红色、黄色、紫色的花朵和他的好朋友们。乐乐在塑封膜上用马克笔画了太阳、大树和草地。

当绘画结束后，果果问乐乐："怎样才能做成小风车呀？"

乐乐看向老师说："老师，帮我们做成小风车吧。"

幼儿既要先将塑封膜剪成正方形，又要将四个角剪成一样的长度，中间还需要保留粘风车的地方，这个复杂的过程对于小班幼儿来说是有难度的。

在教师的帮助下，风车终于制作好了。乐乐突然发现了小风车上的尖尖角，说道"这么尖的角，很容易划伤手指。"

果果摸了摸风车上的尖尖角，说："我们得小心些。"

乐乐说："我们想想办法，看怎样才不会被划伤。"

果果回答："把角包住就可以了。"

果果看了看美工区的材料，想到用超轻黏土把尖尖角包住。而乐乐则认为应该用贴纸把尖尖角贴住。

教师对乐乐和果果想到的办法给予了肯定，并与全班幼儿展开了一场主题为"怎样避免被尖尖角划伤"的讨论会。

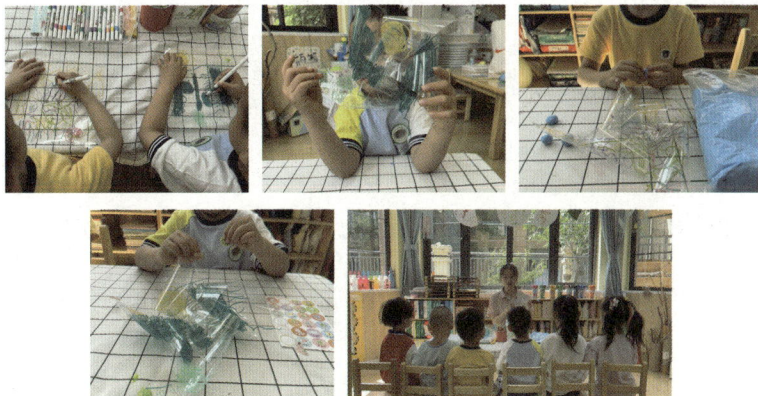

▶ **案例分析**

1.幼儿在欣赏小风车作品时发现风车上的尖尖角存在一些安全隐患。他们根据出现的安全隐患积极展开讨论，可以看出：小班幼儿能够做到当别人对自己说话时，注意倾听并做出回应；幼儿愿意表达自己的需要和想法；幼儿对出现的安全问题能够主动寻找解决方法并付出行动，体现出不畏困难的意志品质。

2.幼儿在针对出现的安全问题，可以根据自身已有知识经验想出用超轻黏土包住和用贴纸盖住的方式。幼儿将想到的办法实践后还可以获得新知识和新信息，拓展出新经验，提升幼儿对安全问题的分析判断力和问题解决能力。

▶ **支持策略**

1.在投放新材料前，教师要善于发现和研判潜在的安全隐患。例如，在使用材料的过程中由于加工（裁剪）后是否存在较为锋利的部分，可以通过集体活动或其他形式的安全教育活动引导幼儿讨论新材料可能会发生的安全问题，对潜在危险进行预判，帮助幼儿建立起安全意识。

2.在游戏进行时，教师可以用相机记录幼儿的游戏活动，关注幼儿的游戏安全。当幼儿遇到安全问题时，教师不随意打扰幼儿的讨论，相信幼儿具有解决问题的能力，鼓励幼儿想出解决方法，但不刻意鼓励幼儿挑战，教师只做一名游戏的观察者和支持者。

3.在游戏后，教师结合图片、视频等直观演示法引导幼儿观察在游戏中存在的安全问题并展开讨论。教师可根据出现的具体情况，有针对性地提出一至两个具象问题。例如，在使用塑封膜绘画时遇到锋利的角应该怎么办？我们应该怎样避免危险的发生等具体问题，以保证讨论的有效性，提升幼儿的安全意识，拓展处理此类安全问题的经验。

（石家庄市桥西区中山华府海棠苑幼儿园 范春燕）

"咔嚓咔嚓"的剪刀

视频二维码

▶ **案例背景**

　　美工区域是以幼儿个别化学习为主的美术活动区，孩子们运用并使用美工材料，来体验表现与创造的乐趣。在进行美工区域活动时，孩子们在使用工具方面还存在着一些安全问题。例如，在加工自己的绘画作品时，剪刀的使用方面也是进行安全自护教育的必要内容。

▶ **案例描述**

　　在一次区域活动中，沐沐用剪刀比划自己的作品，讲给旁边的小朋友听。正在认真听的楷楷离作品很近，剪刀一不小心就有可能划到楷楷。坐在一旁的涵涵看到了，就提醒楷楷："楷楷，你离剪刀远一点儿，别划到你了。"沐沐小朋友听到后也感觉自己的行为有些不安全，赶忙放下剪刀。随后，三个小朋友讨论起了正确拿剪刀的方式。

"我妈妈告诉过我，用完剪刀后要立刻放下，不然容易伤到自己。"涵涵小朋友说道。

"嗯嗯，老师也说过，不能拿着剪刀在教室里跑，万一摔倒了就会扎伤自己。"楷楷也随即应和着。

那么，使用剪刀时都需要注意什么呢？这一问题引起了全班小朋友的讨论。幼儿结合自己的生活和游戏经验，就"如何安全使用剪刀"而畅所欲言，提出了很多的可能性。例如，彤彤说："我见过妈妈递给我剪刀时，都是尖尖的刀刃朝下，并且用手握住尖尖的部分。"

"是的，我妈妈也是。我家还有专门放剪刀的地方，那个地方我不容易摸到。"瑞瑞小朋友补充道。

……

在幼儿热烈讨论后，教师与幼儿一起进行了小结：

第一，在使用剪刀的过程中，千万要注意尖锐的部分不能指向别人，自己也不能去触摸剪刀的刀刃。

第二，在传递剪刀的过程中要把剪刀合起来，将刀刃对着自己，握柄对着对方更为安全。

第三，在使用剪刀时要眼睛看着剪刀，认真操作。第四，使用完剪刀后一定要及时放回去，不能奔跑打闹，以免摔倒后伤到自己。

▶ **案例分析**

1.幼儿在家中使用剪刀次数较少，很多家长考虑到孩子的安全因素，几乎不会让幼儿去触碰剪刀，以至于孩子在使用时存在错误的方式。

2.班级中只有小部分幼儿会正确使用剪刀，大部分幼儿对剪刀的拿取和传递的方法没有正确的认识。

3.从讨论发言中可看出，有些幼儿有一定的生活经验，对一些潜在的危险有感知、预判。在分享环节中，通过老师的引导讨论，幼儿可进行分析并提出一些有效的安全建议，有一定的防范意识。

▶ **支持策略**

1.结合幼儿的年龄特点和已有生活经验，可以通过讨论及介绍孩子已有的经验，了解使用剪刀的基本方法和注意事项，让幼儿通过观察使用剪刀的方式进行模仿，学习正确使用剪刀的方法。

2.在区域游戏中，教师要给予幼儿安全的游戏环境，关注幼儿的游戏进展和游戏安全，在剪刀的收纳和整理方面做到定点定位，培养幼儿使用材料后及时归位的行为习惯；教师在投放材料时也可以遵循从相对安全到更加锋利的原则，或者同时投放，让幼儿根据自己的需要选择；在区域投放其他材料练习幼儿小肌肉动作的灵活性，如夹豆子、捡豆子等。

3.教师可结合图片、视频等引导幼儿讨论工具使用过程中可能发生的安全问题，提前预判，结合幼儿年龄特点和幼儿一起创编儿歌《安全用剪刀》，提高幼儿安全使用剪刀的意识。

4.指导家长在家也要关注幼儿使用剪刀时是否安全和规范，做到教育的连贯性以及一致性，针对剪刀这样生活中常见的工具也要增加使用的机会和频率，共同规范幼儿使用工具时的安全行为。

（石家庄市桥西区中山华府海棠苑幼儿园　孙敬楠）

够不到怎么办

视频二维码

▶ **案例背景**

  美工区是我们班幼儿最喜欢玩的区域，每次区域活动时，美工区都挤满了小朋友，利用彩泥、羽毛、冰糕棍等制作各种各样的手工作品。但由于作品数量比较多，陈列作品的位置有限，所以在摆放作品时就会出现拥挤、作品放不下的情况。因此，如何安全有序摆放作品就成了我们面临的重要问题。

▶ **案例描述**

  区域活动马上要结束了，老师组织大家收材料。这时，美工区异常热闹，小朋友们制作的作品琳琅满目。但由于作品比较多，展台上、窗台上……凡是有空地且幼儿够得着的地方，作品已经满满当当了。只见波波小朋友踩着椅子踮着脚将自己的作品往钢琴上面放，不远处的老师连忙上前扶住了他。

  活动结束后，老师和幼儿一起分享波波的行为，邀请大家表达自己的看法。甜甜说：“波波这样做太危险了，如果不小心滑倒了可怎么办呀。”甜甜刚说完，圆圆紧接着说：“要是摔倒了会磕到头，还会磕到牙，那样会流血的。""可是我只是想把自己的作品摆上去。"波波低着头，不好意思地说。"那你可以想其他办法呀。"西西激动地站起来说。这个回答引起了小朋友们的思考。

幼儿结合自己的生活和游戏经验，就"如何安全摆放作品"展开热烈讨论，提出了很多的可能性。例如，多多说："老师长得高，可以请老师帮帮忙。"

浩浩说："应该多吃蔬菜，长高一些。"

小可说："我们的作品可以放得再紧密一点，你看那两个小花中间还有很大的位置呢。"

晴晴说："可以再多准备一些摆放作品的柜子呀。"

然然说："可以减少美工区的人数。"

……

小朋友们一起动脑筋想办法，你一言我一语，沉浸在大讨论中。在此过程中，老师还带着小朋友一起进行表征记录，及时将小朋友的想法记录下来，为接下来的归纳整理做准备。

在讨论环节的最后，教师与幼儿一起进行了小结：

第一，摆放作品时，要和小朋友的作品距离近一些，不浪费空间，紧密有序的排列可以让我们的班级变得更加整齐和美观。

第二，制定区域规则，要有人数限制，不能超过我们规定的数量。

第三，如果小朋友们制作的新作品数量也很多，可以请老师来帮忙摆放。除此之外，我们还可以一起用纸箱来制作一些可爱的展示台，增加展示的面积。小朋友们也要好好吃饭不挑食，快快长高大，才能够到更高更远的地方。

之后，老师和小朋友们一起重新商讨制定了我们的区域游戏规则。在下一次的区域活动中，老师发现美工区的作品比之前摆放得整齐了好多。在活动中，幼儿彼此之间还会提醒："你放作品的时候离我的近一点啊。""我们这里已经满了，你不能再进区了。"

▶ 案例分析

1.区域活动是幼儿一种重要的自主性活动形式，但由于幼儿年龄小，在游戏中往往会因为玩得太投入而忽略安全问题。在踩椅子时不知道如何使肢体保持平衡，在活动过程中易出现摔倒或者磕碰的现象。

2. 区域游戏是幼儿自主选择，自由开展，满足个性化需要的一种教育方式。但有部分小朋友往往热衷于在一个区域内进行游戏，使得班级教育资源不能均衡分配，导致"偏区"现象的出现。这一问题是导致美工区爆满，作品不能充分展示的重要原因。

3. 清晰有效的活动规则是幼儿游戏的重要保障。部分幼儿在游戏操作过程中出现问题与幼儿自身对规则的认识不清晰有一定关系。

▶ 支持策略

1. 结合游戏过程中出现的新问题，及时和幼儿商讨制定新的游戏规则。讨论决定区域人数，利用进区卡，避免区域拥挤现象。

2. 重视发挥教师自身在区域活动中的引导作用。教师要积极加强对幼儿的引导，帮助幼儿建立广泛的兴趣点。同时适时在各区域中投放新材料，增加新玩法，激发幼儿好奇心，鼓励幼儿大胆尝试不同的区域活动。

3. 充足的游戏材料是幼儿区域活动的物质基础。教师要对区域活动中需要的材料定期检查。当作品展示柜不够时，引导幼儿想一想将作品完全展示出来的方法，为幼儿游戏提供支撑。

4. 安全问题是幼儿园开展各项活动的基础。在活动开展过程中教师要认真观察，发现问题，并通过照片或视频的形式进行记录。游戏结束后，针对问题及时和幼儿展开讨论，和幼儿商讨解决办法，帮助幼儿树立安全意识。

（石家庄市桥西区童星幼儿园　李亚南）

微信扫码
- AI 教学助手
- 内容图谱
- 知识图卡
- 保育笔记

如此多"胶"

视频二维码

▶ 案例背景

在幼儿园美术活动中经常会用到白乳胶和手工液体胶水等粘贴工具，这些看似简单的小工具，能在孩子们手中变化出无限可能。根据幼儿的年龄特点与发展阶段，这学期在美工区投放了手工液体胶水作为孩子们新的粘贴工具，但是胶水对于孩子们来说有些陌生，所以学习怎样安全使用胶水就成了重要的事情。

▶ 案例描述

教师带领幼儿第一次使用手工液体胶水后，孩子们迫不及待地开始分享自己的感受与体验。

田田说："我觉得胶水看起来像果冻一样。"

铭铭听到后赶紧说："这是胶水，不是吃的！"

晨晨说："我很喜欢胶水，可以把我做的小兔子贴到我的画上。"

彤彤说："胶水黏黏的，挤的时候不小心流到了我的手上，很害怕胶水把我的手给粘住。"

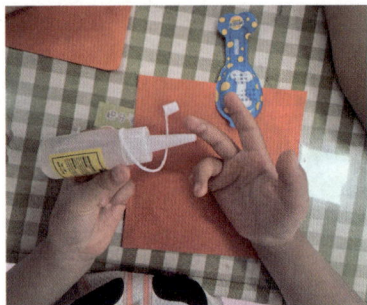

通过大家你一言我一语的讨论，教师发现孩子们对新投放的胶水又害怕又喜欢，任何事物都有正反两面性，胶水能够将材料牢固地粘在一起，但是如果使用不当，看似简单的胶水，也可能带来安全隐患。于是，大家又开始讨论胶水怎样能又正确又安全地被使用。

阳阳说："在用胶水之前要问问大人，这个胶水我能不能用。"

佳佳听到以后灵机一动，说道："有小朋友专用的剪刀，是不是也有小朋友专用的胶水呢！"

大家听到后连连点头，于是开始讨论小朋友可以用的胶有哪些。

阳阳又说道："我用过双面胶和胶棒。"

小乐说："白乳胶和老师新发的胶水也可以用。"

教师："大家总结了很多，但是502和免钉胶这种强力胶黏性很大，小朋友要远离哦。"

接下来大家又开始关注胶水的使用技巧。

小航说："涂胶的时候不能挤太多，需要多少就挤多少。"

涵涵说："在打开胶水盖子的时候要小心，我刚才用力按了瓶子，胶水就溅出来了。"

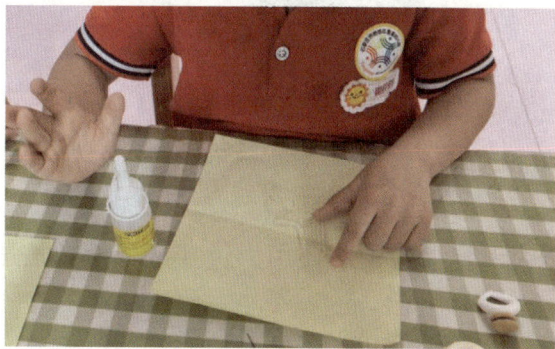

硕硕说："如果胶水不小心流到了身上，要及时告诉老师或爸爸妈妈。"

经过几番讨论后，大家一起总结了以下几种使用胶水的注意事项：

1. 好看的东西不一定可以吃，安全的胶也不能放到嘴巴里。

2. 小朋友的粘贴工具要使用大家总结出来的安全胶，不可以用502和免钉胶等强力胶。

3. 尽量避免胶水接触到皮肤和进入眼睛中。如果胶水不小心粘在身上要及时告诉大人。

4.打开和关闭胶水盖子不要用力过猛或者使劲按压瓶子，不然胶水会溅出。

5.使用胶水后要立即盖好盖子，放回原处。

孩子们还关注到胶水挤出来后不是立刻就干的，需要自然风干或者用嘴巴轻轻吹一吹，过一会儿才能干。如果在使用的时候需要按一会的话，不要直接用手去按，可以找一个小木棍或者其他东西按住，等待胶水风干后再松开。

在第二次美术活动使用胶水时，孩子们都小心翼翼的，有了问题也及时找小朋友或者老师解决，在互相帮助的氛围中进行美术活动。

▶ **案例分析**

1. 幼儿是有安全意识的，但是他们生活经验不足，所以教师在投放新材料前，要告诉幼儿名称、用途，并展示如何正确使用后，再让幼儿进行操作。

2. 幼儿对新事物总是充满好奇，教师进行胶水的讲解和安全示范后，要给予幼儿足够的时间去探索，在探索过程中逐渐掌握安全使用胶水的技巧。

3. 在胶水逐渐干燥时，幼儿需要静下心来观察和等待，在进行美术活动的过程中锻炼了幼儿的耐心和专注力。

4. 美工区刚刚投放新材料，幼儿对使用技巧没有完全掌握，但是大家会合作与分享，在互相帮助中一起成长。

▶ **支持策略**

1. 美工区的台面应保持干净整洁，避免胶水污染工具或材料，造成麻烦。

2. 确保胶水的零件对幼儿来说是安全的，胶水盖子等小零件要避免造成误食的风险。

3. 活动区材料的摆放位置要考虑幼儿的身高，方便幼儿自行取用。

4. 幼儿使用胶水时，教师要及时关注与指导，确保安全。

5. 教师要鼓励孩子们自由探索材料的不同用法，发挥他们的想象力和创造力。

6.教师要与家长沟通，为幼儿选择粘贴工具时加强安全意识，要为幼儿选用安全胶，并与幼儿规定好使用方法后，再进行投放使用。

（石家庄市桥西区童星幼儿园　邸辰云）

第四章
一日生活与过渡环节中的安全

第一节 幼儿园一日生活中常见的安全问题

《评估指南》中指出：幼儿园切实把安全教育融入幼儿一日生活，帮助幼儿学习判断环境、设施设备和玩具材料可能出现的安全风险，增强安全防范意识，提高自我保护能力。这是十分必要的。在幼儿园一日生活中，教师需密切关注幼儿，把幼儿的安全作为日常工作的首要任务，常抓不懈，重视一日生活及过渡环节中的安全。例如，定期排查环境中不安全因素和潜在危险、遵循安全规范和操作流程，避免因操作不当导致的安全问题。教师间默契有效的劳动配合，保证每个幼儿在视线观察范围内，精心组织幼儿活动，活动中关注幼儿安全，了解和熟悉幼儿园安全预案和处置流程等。

幼儿一日生活环节主要包括以下内容：满足幼儿基本生活需要的生活活动（包括幼儿入园、进餐、饮水、盥洗、如厕、睡眠、离园等环节），室内外自主游戏活动，多种形式的集体活动等。过渡环节则是指从一个活动转换到另一个活动的中间阶段，既有衔接作用又可以调节班级节奏。教师在这些烦琐且有规律的生活环节中注重培养幼儿的自主性，给予幼儿一定的自主选择和决策的空间。在组织过程中确实会存在一定的安全隐患。例如，晨间入园时口袋里有异物、如厕盥洗环节中的打闹追逐、洗手时玩水导致地面湿滑、组织户外活动时教师站位不当出现观察盲区等，这些隐藏的安全隐患不及时排除会演变为安全事故的发生。因此，幼儿园与教师要共同为幼儿创建安全的活动环境，提供卫生健康的玩教具，坚持执行晨午晚检及接送制度，把控食品安全与饭菜温度，活动前认真备课，收纳好消毒用品及工具，生活中培养幼儿的安全意识和良好的行为习惯，定期对相关人员开展安全培训。

在安全教育活动开展中将安全教育活动与幼儿一日活动有机结合，使安全教育更具实际操作性，与幼儿的日常生活紧密相连。可通过与幼儿的日常互动、生活对话，借助具体形象思维，帮助幼儿更好地理解和掌握安全知识。通过过渡环节的手指小游戏等，增加安全教育活动的趣味性，反复体验强化幼儿对安全知识的记忆。将安全教育涵盖幼儿在园的各个环节，逐步帮助幼儿形成必要的安全意识，实现安全教育的全面渗透。教师以身作则，为幼儿树立安全行为的榜样，在日常生活中实现对幼儿潜移默化的影响。总之，建立良好的常规习惯保障幼儿园一日生活中的安全需要教师、家长、幼儿园的共同努力，从而为孩子创造一个安全、健康的学习和成长环境。

第二节　典型案例

一起来散步

视频二维码

▶ 案例背景

　　春暖花开时节，孩子们户外活动时间慢慢增多了，他们可以在户外进行活动前的散步热身，也可以进行活动后的散步放松，还有午餐后的散步地点也可以由室内转向室外。趁着阳光正好，和孩子们一起来到后院散步，在好玩好看的环境中进行如此惬意的散步活动，孩子们的安全也是必须要关注到的。

▶ 案例描述

　　原本惬意的散步时光，突然传来一个急促的声音："老师，快看，程程小朋友刚才走到醒木坊的时候脖子被树枝划破了。"老师听到这个声音后，马上让小朋友们停止散步，快步走向程程，查看他的伤口，发现他被树枝划破了表皮。程程的受伤也引起了小朋友们的关心："怎么就被树枝划到了呢？""程程，你没事儿吧，不疼吧？""程程，我们一会儿回教室消消毒就好了。"……

老师带程程去保健室处理了伤口。为了避免以后再次被树枝划伤，大家就"如何避免被树枝划伤"这一问题展开了讨论。孩子们结合自己的生活经验，畅所欲言，提出了很多方法。

玥玥说："在后院散步的时候要离树枝远一点儿。"

安安说："我们可不可以把突出来的很长的树枝剪掉一点儿呢？"

琳琳说："我们可不可以只在后院没有树的大一点的地方散步呀？"

……

教师在讨论的最后和孩子们一起进行了总结：小朋友刚才提出的解决方法都可以采取，为了解决根本问题，我们可以对树枝进行修剪。当孩子们再次来到院里散步时，看到了被修剪的树枝，非常兴奋。但是他们同时提出新的问题：光秃秃的树干也会留下尖尖的地方，这会不会再次成为新的危险因素呢？于是针对这一新的问题也进行了讨论，最后小朋友们对裁剪的树干进行了包裹，有的是用布条进行包裹，有的是用橡皮泥进行包裹。

▶ 案例分析

1.在幼儿和老师熟悉的环境中散步，很有可能也会存在一些安全隐患，如被凸出来的树枝划伤、绊倒、个别小朋友擅自脱离队伍等，产生原因可能会是幼儿本身对危险因素认知不够、注意力不集中或是缺乏安全意识与自我保护意识。

2.教师和幼儿一起讨论散步安全规则的次数较少，一些常用提示语，如"慢慢走不推挤。""和旁边、前边的小朋友保持安全距离。""跟上队伍，注意力集中。"在散步过程中教师提醒不到位。

3.从讨论发言中可看出，幼儿有一定的生活经验，有一定的防范意识，能够对发生"小意外"的原因进行分析并提出一些有效的安全建议。

▶ **支持策略**

1.班级内定期或随机组织幼儿通过多种形式开展安全教育活动，与幼儿互动，引导幼儿思考，让幼儿在做中学，这样对幼儿的安全更有保障。

2.鼓励幼儿动手设计一些安全卡片或绘画作品，展示出来，在幼儿园危险的地方做好标记，起到警示作用。

3.进行散步活动时，提前描述安全散步的过程，提醒幼儿要看路，紧跟队伍，保持安全距离。散步活动结束后，和幼儿一起回顾分享，在一步一步交流讨论中，幼儿思考、制定共同认可的规则。

4.每天班级的"小小值日生"可以增加"散步安全员"这一任务，走在队伍的前边，负责观察和选择安全的路线，提醒大家注意安全。每个孩子都能参与到"散步安全员"活动中，提高幼儿的散步安全意识。

（石家庄市桥西区中山华府海棠苑幼儿园　耿赛）

呦，好烫

▶ 案例背景

幼儿园一直以来都非常注重孩子们的安全教育，在饮食安全、活动安全等方面都有严格的规定和措施。一个夏日的午后，孩子们在活动室座位上等待着加餐。负责分发加餐的是一位经验丰富的老师，她在分餐时格外小心，以避免任何可能的意外发生。

▶ 案例描述

加餐时间到了，幼儿安静地等待老师分发加餐。今天的加餐是煮梨水，孩子们各自拿着小水杯排好队等待着老师分发梨水。老师接过其中一位幼儿的水杯，盛好梨水，正要递给幼儿时，旁边路过的小朋友不小心碰了一下老师，老师手抖了一下，梨水洒到了自己手上。"好烫！"老师轻呼。

孩子们见状，纷纷过来关心老师。

豆豆："老师，你的手会不会很痛？"

嘟嘟："老师，我们能帮你做些什么呢？"

老师微笑着回应孩子们的关心，并告诉他们自己没事。

老师："小朋友们，这件事提醒了我们，生活中要小心烫伤。你们知道怎么避免烫伤吗？"老师趁机引导孩子们思考。于是，幼儿们根据自己的生活经验进行了讨论。

小华想了想，率先举手："喝热汤的时候要慢慢喝，才不会烫嘴。"

乐乐说："老师在盛热水热汤时我们不要离得太近。"

点点说："妈妈说了，如果烫到了要及时用凉水冲一冲。老师，你快去用水冲一冲吧。"

美美："要远离冒热气的东西。"

含含："可以先用凉水冰一冰要喝的东西，这样就不烫啦！"

教师根据孩子们的讨论进行了小结，巩固加深幼儿的认知。

▶ **案例分析**

1.这一事件虽然小，却提供了一个很好的学习和讨论机会。首先，从孩子们的反应中可以看出，他们对于教师的烫伤十分关心并想要提供帮助，体现了幼儿的同理心。其次，事件引发了对日常安全防护措施的讨论，这对于孩子们的安全意识培养极为重要。通过这次事件，孩子们学到了在生活中应该如何注意避免烫伤，这种学习源自日常生活中的真实情境，幼儿的认知会更加深刻和直观。

2. 老师在这个过程中的角色是关键的。在幼儿园里不会有温度非常高的食物、汤、粥类出现在班级中，幼儿的每一顿餐点，食堂的师傅们会提前做好，保证食物的温度不会过高。今天是一个小意外，老师被撒上梨水的部位微微发红，有一点刺痛的感觉，但是并没有烫伤。老师对自己的手做了简单处理后，及时抓住教育契机，将其转化为一个学习和讨论的机会。孩子们你一言我一语讨论着，讨论如何能避免烫伤、如果被烫伤后怎么做处理等。这种引导方式，让幼儿在自主讨论中学习到了宝贵的安全知识。

▶▶ **支持策略**

1. 对幼儿的策略：定期进行安全教育活动，通过角色扮演、情景模拟等形式，让幼儿了解和学习如何预防烫伤等事故的发生。

2. 对教师的策略：教师在进行任何可能涉及到安全风险的活动前，应进行一次安全风险评估。在分餐情境中，老师应确保使用防滑垫、隔热手套等安全工具，以减少意外发生的几率。同时，教师应及时纠正孩子们的不安全行为。

3. 对家长的策略：幼儿园可以通过家长会、发放安全手册等方式，向家长普及家庭安全知识。引导家长在家中也要注意烫伤等家庭常见伤害的预防，比如使用防护栏挡住厨房入口，避免孩子接触到热水壶、炉灶等。同时，家长应该教育孩子不要独自操作电器，不要随意触碰热水或热食物。

通过这些具体的策略，幼儿园、教师和家长可以共同努力，为幼儿创造一个更加安全的成长环境，让安全教育成为幼儿生活的一部分，从小培养他们的安全意识和自我保护能力。

（石家庄市桥西区中山华府海棠苑幼儿园 赵敏延）

换鞋子

视频二维码

▶ **案例背景**

在户外走动时，鞋子会带有很多灰尘，也可能会带有细菌，当幼儿进入班级前脱掉外面的鞋子，换上舒适的室内鞋，既可以减少幼儿接触这些细菌的机会，也给幼儿提供了一个舒适、干净的生活环境。换鞋子作为连接户外活动和室内活动中不可或缺的生活过渡环节，其中存在的安全隐患也不容小觑。

▶ **案例描述**

户外活动回到教室，保育教师走进室内维持秩序，教师组织幼儿换鞋，看到馨馨不会换鞋，教师蹲下来帮助她。

此时，刚刚和媛媛看见老师正在忙碌，就开始叽叽喳喳地说话，并打闹了起来。此时换鞋的丽丽看见地上贴着一个亮晶晶的贴纸，就趴在地上，开始用手抠。正在这时候，打闹的刚刚跑了过来，不小心踩到了丽丽的手，丽丽"哇"的一声哭了出来。教师急忙跑过来，安抚丽丽，并让刚刚给丽丽道歉。

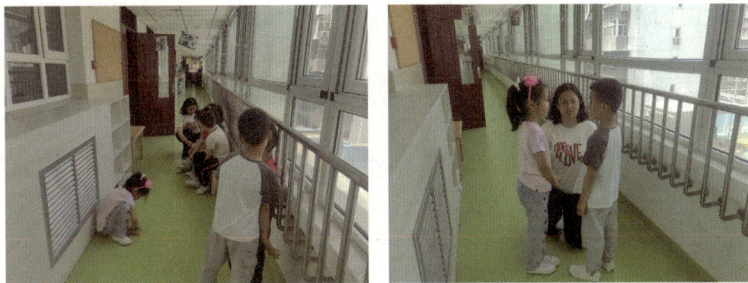

针对这次换鞋事件，教师带领幼儿一起进行了换鞋子的讨论：

教师："小朋友们，刚才在换鞋的时候刚刚把丽丽手踩到了，是什么原因呢？"

好好："刚刚和媛媛在外面打闹，跑到丽丽那里时踩到了丽丽。"

乐乐："丽丽在抠地上的东西，这样很容易被踩到。"

泽泽："刚刚他们打闹很容易摔倒，还很容易踩到小朋友。"

琪琪："小朋友们走来走去，看不见趴在地上的丽丽，也很容易踩到丽丽。"

教师："那下次换鞋子的时候，我们要怎样做才能又快又安全地完成呢？"

豆豆："在楼道换鞋，不能趴在地上抠东西。"

琪琪："换鞋的时候不可以打闹，自己换自己的。"

好好："咱们可以进行比赛，比一比谁换鞋快。"

天天："可以再增加一个值日生的工作，监督小朋友们换鞋，不让小朋友们打闹。"

菲菲："换好鞋子，就抓紧时间去小便、喝水，不在外面玩。"

教师："菲菲说'抓紧时间'，那你们觉得，换鞋子需要用多长时间呢？"

好好："5分钟可以吗？"

琪琪："我觉得可以，5分钟可以做很多事情了。"

天天："咱们可以在门口放一个钟表，提醒小朋友。"

泽泽："可是我不认识钟表。"

乐乐："我去饭店吃饭的时候见过那里的阿姨拿了一个沙漏，计算上菜的时间，沙漏里面的沙子漏完了，时间就到了。"

菲菲："那我们也可以准备一个沙漏来计算时间。"

最后，教师与幼儿一起进行了小结：

1.在换鞋子环节中，幼儿要认真听老师的要求，尽快进入后面的活动中，不能相互打闹。

2.小朋友们要学会保护好自己，在换鞋的时候要坐在换鞋凳上，不能趴到地上，以防被踩到。

3.可以在值日生表上增加一个工作项目：换鞋。请幼儿来监督其他幼儿换鞋。

4.区域活动时，幼儿可以自制一个沙漏，在过渡环节帮助幼儿计时，让幼儿在规定的时间内完成换鞋，安全快速地进入后面的活动。

▶ **案例分析**

1.丽丽在换鞋时被地上的小贴纸吸引，注意力被分散，没有注意到周围的环境变化。同时幼儿的自我管理能力不足，刚刚看到老师不在身边时，选择了与媛媛打闹，而不是遵守规则和秩序。刚刚和媛媛都没有意识到打闹可能带来的安全隐患，导致事故的发生。

2.从幼儿的讨论中可以看出，幼儿有一定的生活经验和自我保护的意识，在教师的引导下可以分析出存在的安全隐患，并且能给出一定的合理化建议。

3.儿名幼儿在外面换鞋的时间比较长，延长了过渡环节的时间，耽误了后面的活动。

▶ **支持策略**

1.教师每日可以以值日生或者小班长的方式，让幼儿在门口督促换鞋的幼儿，既能让幼儿参与到班级管理中，也能加快幼儿在门口换鞋的效率。

2.在教学活动中，可以让幼儿认识沙漏，同时教师和幼儿一起制定各个过渡环节时间的长短，让幼儿在规定的时间内完成自己应该做的事情。

3.在过渡环节中，教师可以在班级中增加一些有趣的游戏环节，让过渡环节更加有趣，幼儿积极地参与进来，从而减少安全事故的发生。

4.在全班幼儿面前，重申换鞋时的规则和秩序，强调每个小朋友都应该在老师的指导下有序地进行换鞋活动，避免打闹和嬉闹。

5.教育幼儿学会自我管理，即使老师不在身边，也要自觉遵守规则和秩序，不随意打闹。可以通过一些小组活动或角色扮演游戏，让幼儿在实践中学习和体验自我管理的重要性。

（石家庄市桥西区童星幼儿园　卢雨濛）

微信扫码
AI 教学助手
内容图谱
知识图卡
保育笔记

班级里的小溜达

视频二维码

▶ **案例背景**

　　集体游戏结束后，小朋友们进入了"自己的 10 分钟"环节，他们有的坐在座位喝水，有的去如厕，只见可可小朋友在班级里转来转去。

▶ **案例描述**

　　上午第一节活动结束，小朋友们稍作休息，然后小便、喝水。教师看到可可漫无目的地在班级里走来走去，提醒可可要为接下来的游戏时间做些准备。可可听到提醒后去厕所待了一下，什么事情都没做，回到教室继续东摸摸西看看。她一转身，撞到身后要去小便的洋洋。教师走上前去观察洋洋的磕碰处，没有外伤。随后教师引导可可一同观察洋洋的磕碰处，教育可可在教室里转来转去不安全。走路时眼睛看前方，小心与他人碰撞。可可向洋洋道歉后，教师请可可认真地完成活动前准备。这一次可可认真地走到厕所小便、到指定位置喝水后回到教室参加集体讨论。

针对这次事件，教师开展了一次"活动前的准备工作有哪些"的主题谈话活动。

教师："每次活动前小朋友要做哪些准备工作呢？"

红红："要安静，认真听老师讲话。"

辰辰："要准备活动需要用到的东西。要想拔河就需要绳子。"

教师："小朋友们说了一些身体准备和物品准备，那身体准备还有其他吗？"

铭铭："要坐端正，歪歪扭扭对身体不好，还会挡住后面的小朋友。"

教师："你不仅要考虑到自己，还要考虑到其他小朋友。如果我们正在游戏中有很多小朋友举手想要去厕所或者喝水怎么办呢？"

青青："不上厕所会尿裤子。"

彤彤："去厕所就没人玩游戏了。"

教师："有什么办法既可以不让小朋友尿裤子，又可以让我们的游戏顺利开展呢？"

全体幼儿动了脑筋想了想后，有个别小朋友举手回答问题。

彤彤："我们可以在活动前先去小便，玩游戏的时候就不会想上厕所了。"

教师："你真会动脑筋，我们活动前的准备又增加了一项。还有补充吗？"

铭铭："活动前还可以喝一杯水，这样玩游戏时就不会口渴。"

教师："有些小朋友在活动前去小便时发现人很多，他就不太想小便了，大家有什么好办法可以帮帮他吗？"

辰辰："可以排队等一会儿，小朋友们小便可快了，很快就到你了。"

教师："还可以在人多的时候排队，避免发生碰撞。"

在讨论环节的最后，教师与幼儿一起进行了小结：

第一，在活动前的准备时间里，小朋友们自主完成小便、喝水的任务，那么活动中就不会着急去厕所或者是口渴，打断小朋友们玩游戏。

第二，在活动前，小朋友们要做好物品准备，比如绘画活动可以自己准备好画本。

第三，小朋友们完成其他准备工作后回到小椅子保持安静，这样可以清楚地听到老师讲的游戏规则。小朋友们坐得端正就不会挡住后面小朋友的视线，也不会碰到旁边的小朋友。

第四，在进行自主活动时，人多要排队，走路看前方，避免发生碰撞，保护我们的安全。

▶ 案例分析

1. 幼儿的家庭环境、理解力不同等因素，导致部分幼儿规则意识弱。这部分幼儿对于班级的规则不容易理解，或是知道规则但自控力薄弱，不能遵守规则。

2. 可可小朋友由于不清楚自己在活动前需要做哪些准备工作，漫无目的地在教室里行动，导致其与小朋友发生碰撞。于是教师通过开展"活动前的准备工作有哪些"的主题谈话活动，帮助可可了解在活动前需要喝水、小便，将自己的身体调整舒适，这样可以更好地让自己在游戏中玩得尽兴。这次谈话活动有效地减少该幼儿在教室中漫无目的的行为。

3. 通过此次谈话活动，教师帮助幼儿更深入地了解自理能力的重要性，提高幼儿安全意识，掌握照顾自己的具体方法要点。此次谈话活动结合具体事例，着重落实在调整幼儿行为。

▶ **支持策略**

1. 在集体中，规则意识薄弱的小朋友安全方面存在一定隐患。在一日生活流程中，教师根据幼儿个体差异，对于规则意识薄弱的幼儿，强化其规则意识，不断提醒其遵守规则，当幼儿遵守规则时，给予积极的正面反馈。规则意识提高的同时，无形中增强幼儿的安全意识。

2. 对于班级里安全意识薄弱的个别幼儿，教师根据其在园情况，与其父母沟通幼儿行为背后的原因，分析幼儿先天气质类型及家庭育养模式，商讨调整幼儿行为的针对性方法，家园一致帮助幼儿提升安全意识。

3. 在班级的醒目位置贴上幼儿绘画的提示图片，如排队、慢行、抓紧时间等，更好地帮助幼儿完成自主活动，起到提醒作用。

4. 在班级管理上，教师注重营造良好的班级氛围。在班级中注重发挥榜样的作用，以强带弱。加强幼儿安全意识的同时，培养幼儿团结互助精神。

5. 教师要定期巡视班级里的物品安全及玩教具是否有损坏情况，避免幼儿发生安全事故。

（石家庄市桥西区童星幼儿园　张美）

楼梯上的安全

视频二维码

▶ 案例背景

新学期，幼儿园大班小朋友搬到了二楼活动室，上下楼梯会更加频繁。由于接触较少，孩子们对一层一层的台阶充满了好奇，可是对于台阶和扶手还是比较陌生，因此在上下楼梯时安全成了教师需要格外注意的问题。

▶ 案例描述

幼儿园里播放着欢快的旋律，户外活动时间到啦，这是小朋友们最喜欢的环节之一。果果一想到外面有很多大型玩具，就迅速去站队，准备下楼梯。当他走到倒数第二个台阶时差点踩空，"好吓人！差点儿掉下去。"旁边的小朋友说道："快抓紧扶手！""别走神儿啊！""小心点。"……小朋友们提醒着果果。

安安全全下楼梯对于大班幼儿来说，较为容易，但还需注意。随后，孩子们针对"楼梯上的安全"展开了一系列讨论。老师以果果下楼梯差点踩空为例，带领小朋友们思考：为什么会出现这个现象呢？豆豆说："果果下楼梯可能是害怕吧，我在下楼梯的时候容易害怕，总觉得很危险。"·豆豆的话音刚落，蔡蔡着急地站起来说："我们要去户外活动了，可能是他一边下楼梯一边想着玩。"这时柚柚说："会不会有其他小朋友着急下楼，不小心推到他了呢？"大家纷纷开始自己的猜测，这时果果低下头说："我着急去玩儿，可是又害怕楼梯，一不小心差点踩空，可把我吓坏了！"

讨论结束后，老师请小朋友们思考：下楼梯时，需要注意什么？并以图画的方式展示出来，然后请小朋友来说一说各自的想法。萌萌小朋友认真地为大家介绍自己的图画："我画的是每个人排着整齐的队伍下楼梯，不推也不挤。""我画的是大家在安安静静下楼梯，不大声喧哗。""我觉得下楼梯时眼睛应该向前看，跟上队伍。"……

针对孩子们的讨论与图画，教师和小朋友们一起总结：上下楼梯时要借助扶手轻轻走，靠右行；不准越级跨越楼梯，保持安静，礼貌谦让，不争不抢，排队有序，一个跟着一个有序走。等到再次上下楼时，老师发现孩子们对于楼梯没有那么紧张了，大家都小心慢慢走。

▶ **案例分析**

1.大班幼儿正处于具体形象思维向抽象逻辑思维过渡的发展阶段，愿意用图画或符号进行自主表达，例如，孩子们用图画的方式画出自己认为如何上下楼，能够抓住一些事物的特征进行分析。

2.小朋友遇到问题时，一起讨论想办法解决，并认真采纳给出的建议，从而完善关于上下楼的问题。这体现了幼儿遇到问题不放弃，积极应对解决问题的精神。

3.上下楼梯也是幼儿体能锻炼的一部分，幼儿阶段是平衡能力、协调能力和灵敏性发展的重要时期，这些身体素质获得一定的发展，能促进幼儿神经系统和脑功能的完善，也是今后学习更多、更复杂动作技能的基础。

4.再次上下楼梯时，孩子们知道要靠右行，不推不挤，这说明孩子们的安全意识和自我保护意识提高了。由此可见，养成良好的正确上下楼梯的行为习惯很重要，对幼儿进行楼梯安全教育尤为重要。

▶ **支持策略**

1.《指南》在健康领域提出的幼儿学习与发展目标，体现了国家对于我国幼儿身心健康发展的合理期望，为幼儿园和家庭更好地促进幼儿身心健康指明了具体而明确的方向。关于健康领域动作发展中从身体素质的角度提出了幼儿在大肌肉动作方面"具有一定的平衡能力，动作协调、灵敏"和"具有一定的力量和耐力"的发展目标。例如，上下楼梯的动作反映了3～4岁幼儿在平衡能力、协调能力和灵敏性方面的发展状况。

2.楼梯安装幼儿扶手，为幼儿提供良好的生活环境，定期检查楼梯扶手牢固情况与地面光滑情况。全面照顾和关爱幼儿，在日常生活中渗透健康领域的指导。围绕上下楼梯安全这一主题开展幼儿教育活动，通过讨论与孩子图画的方式，重视幼儿健康领域与其他领域教育的有机结合。

3.体育活动中要加强对幼儿的安全保护与指导，培养幼儿正确上下楼的良好行为习惯，保证幼儿的安全。

（石家庄市实验幼儿园 王倩文）

盥洗室里的"溜冰场"

▶ 案例背景

幼儿园盥洗室在幼儿一日活动中扮演着重要的角色，在这里，幼儿通过洗手、刷牙、洗脸等日常卫生活动，逐渐养成良好的卫生习惯和自理能力。盥洗室还是幼儿在日常活动中进行情感交流和社交体验的场所。幼儿在盥洗室内会与同伴一起进行卫生活动，互相帮助、合作，增进彼此之间的友谊和情感交流，这里也是培养幼儿团体意识和社交技能的重要环境。

盥洗室承载着幼儿众多的环境功能作用，却让幼儿忽视了其中的安全问题，幼儿在盥洗室内打闹、游戏、不安全使用盥洗室设施等情况时常发生。这就要提醒老师们，盥洗室还是教育幼儿安全意识的重要场所。教师可以通过在盥洗室内进行安全教育，教导幼儿不在盥洗室内打闹、玩游戏，在使用水龙头、洗手池等设施时要注意安全，避免意外发生，提高幼儿的自我保护能力。

▶ 案例描述

在一个宁静的午后，老师正在厕所里悉心照顾着小朋友们，忽然，听到盥洗室里传来了一阵低声的对话："你再往外弄一些水出来，让地更滑一点儿。"紧接着便是一声清脆的"好"。

　　老师闻声扭头向盥洗室看去，她惊讶地发现，林林和萌萌正站在洗手水池前，兴致勃勃地模仿着滑冰的动作。他们的小脚在地面上蹭来蹭去，玩得不亦乐乎。

　　老师快步走到两人身边，轻声询问："你们在做什么呀？"林林和萌萌有些兴奋地抬起头，道出了事情的原委。原来，刚才洗手的时候，林林不小心将水洒到了外面，结果发现地面变得异常滑溜，就如同溜冰场一般。两个孩子的好奇心被瞬间点燃，于是便开始了这场有趣的"滑冰"游戏。

　　此时，老师的脸上露出了理解的微笑。她明白，孩子们的天性就是充满好奇与探索欲的。然而，安全问题也不能忽视。

　　老师首先表扬了林林和萌萌的观察力和想象力，肯定了他们发现新乐趣的能力。接着，她耐心地向孩子们解释了在盥洗室玩水可能带来的危险。

　　为了避免类似情况再次发生，老师决定与孩子们一起进行讨论。

　　老师说："盥洗室里，哪里会滑一点儿呢？"

　　乐乐说："洗手池旁边的水台会滑一点儿，这样就能把脏水擦下来啦。"一一说："有水的地面会滑一些。"楠楠说："有洗衣粉、洗衣液的水撒到地上会更滑一些。有一次，在妈妈洗衣服时，洗衣机里的水流出来就是这样的，我踩过。"

　　"哪里需要防滑呢？"老师问道，"可以用什么样的措施让它更防滑呢？"

乐乐说："洗手的时候要在水池里，不要溅到地上。"

芳芳说："如果不小心弄湿了地面，要及时告诉老师，及时清理掉。"

果果说："可以在地上铺一层塑料垫，我家洗澡的地面上铺着呢，特别防滑。"

楠楠说："我们还可以穿防滑的鞋子。"

……

最后，老师和小朋友们一起把讨论的结果通过绘画的方式记录了下来，张贴在盥洗室入口以及水龙头旁边，进行安全提醒。同时，鼓励孩子们继续发挥他们的想象力和创造力，寻找更多有趣的游戏和玩法，但一定要在保证安全的前提下。老师利用这次小小的"意外"，让孩子们在快乐中学习，在探索中成长。

▶ 案例分析

　　盥洗室是幼儿一日活动中经常进出的相对封闭的场所，在肯定幼儿的好奇心、想象力和创造力的同时更应该注重其潜在的安全问题。

　　1.存在滑倒风险。地面湿滑增加了幼儿滑倒和摔倒的风险，可能导致受伤。

　　2.缺乏安全意识。幼儿在玩耍时可能没有充分意识到这种行为的危险性。

　　3.监护责任。老师在照顾幼儿时，需要及时发现并制止潜在的危险行为。

　　4.反映出安全教育存在不足，老师在安全教育方面还需要加强。

　　5.环境因素。盥洗室的地面设计或维护存在安全风险，容易导致水渍积聚。使用防滑地砖或铺设防滑垫可减少相应的安全风险。

▶ 支持策略

　　1.安全教育

　　（1）定期开展安全教育课程，包括讲解在湿滑地面上可能发生的危险以及如何避免。

（2）使用生动的图片、故事和视频来帮助幼儿理解安全知识。

（3）进行角色扮演活动，让幼儿亲身体验安全场景。

2.环境改善

（1）及时清理盥洗室地面的水渍，保持地面干燥整洁。

（2）检查地面的平整度和防滑性，如有需要进行修复或改进。

（3）确保盥洗室的设施完好，避免漏水等问题。

3.强化监督

（1）增加老师在盥洗室等区域的巡逻次数。

（2）培养幼儿的自我监督意识，让他们互相提醒注意安全。

4.设置警示标志

（1）在盥洗室明显位置张贴清晰的警示标志，如"小心地滑"等。

（2）使用幼儿易懂的图像或符号来传达安全信息，可让幼儿自己制作，警示效果会更加明显。

5.培养良好习惯

（1）提醒幼儿使用正确的洗手步骤和方法，避免水溅出。

（2）鼓励幼儿养成节约用水的习惯。

（聊城市茌平区第二实验幼儿园　韩志）

第五章
集体教学中的安全

第一节　安全教育活动

　　安全是幼儿健康成长的基本需求和重要保障，安全教育作为幼儿教育的重要内容，对促进幼儿健康成长有着积极的作用。教师应将安全教育融入幼儿一日生活，开展安全主题教育活动，帮助幼儿学习判断环境、设施设备和玩具材料可能出现的安全风险，增强安全防范意识，提高自我保护能力，形成安全感和乐观的情感态度，树立科学的安全意识。

　　安全主题教育活动具有明确的目的性、计划性和组织性，活动中能根据安全专题引导幼儿有效地获取基本的安全知识和自护技能，帮助幼儿将零散的安全经验梳理总结。教师需根据不同年龄段幼儿的生活经验、认知发展水平和幼儿园安全教育需要等设计安全主题教育活动，开展有针对性的安全教育。例如，交通安全、防溺水、乘坐电梯安全、消防安全、用电安全等，利用家、园、社等人力、环境资源，创设贴近幼儿生活的安全教育场景，通过幼儿的亲身体验获得对生活场景和安全经验的深入认识，支持幼儿进行自主分享与交流，帮助幼儿加深安全知识的理解。开展安全实践活动，使安全教育的内容更加丰富，形式更加多元。

增强安全教育的趣味性，将安全教育与集体游戏、班本主题等相结合，帮助幼儿在愉快、连续的学习氛围中自然习得相应的安全知识和自护方法。以班本主题"了不起的消防员"为例，通过参观消防中队，认识消防员的日常工作和各种消防设备名称及用途，现场观摩消防员出警流程、灭火器、云梯、消防车等工具的使用，帮助幼儿对"消防"形成全面的认识。教师鼓励幼儿将参观后的经历和收获通过语言讲述、绘画表征、录音录像等方式记录并分享在班级展示墙内，结合幼儿园"消防安全演练"加深"消防"认识，幼儿将学到的消防知识、正确的自我保护方法，真实的情景相结合，不仅能达到巩固安全知识的效果，还能将学到的技能运用于生活当中，进一步提高幼儿避险和自我保护的能力。通过集体活动后的家园联络，让安全教育深入家庭，潜移默化地影响家庭教育中的安全教育意识，增强家长的安全教育能力。通过亲子活动，丰富亲子安全教育的内容及形式。

第二节　典型案例

藏在身边的危险

视频二维码

▶ 案例背景

《指南》中指出，环境是重要的教育资源，应通过环境的创设和利用，有效促进幼儿发展。新学期开始，教师为幼儿创设了新的环境。班级中增添了许多新的玩具和新的装饰，幼儿对新的玩具充满了好奇。

▶ 案例描述

在集体教学活动中，教师请幼儿寻找教室中的新变化。瑄瑄发现教室中多了一台粉色收音机，她用双手把收音机从玩具柜上拿下来，仔细观察把玩着。一会儿按按按钮，一会儿拉拉小天线。寻找环节结束之后，教师请幼儿介绍自己的新发现。轮到瑄瑄介绍时，瑄瑄举起自己右手的食指说："老师，我的手被收音机的小天线划了一下。"老师立刻为她进行了碘伏消毒。老师在帮瑄瑄处理伤口的时候，其他小朋友也很关心瑄瑄，并提出寻找"潜在危险"的提议。

教师认为是很好的教育契机，于是教师便请幼儿化身小侦探来找一找藏在身边的危险。

程程说："我觉得门很危险，它很容易夹手！"

润润说："我之前挪椅子的时候就夹过手，可疼了。"

大庆说："那个剪刀很锋利，如果用不好就容易划伤手。"

毛毛说："上次我摸那个木头的架子，手上就扎了一根刺。"

瑶瑶说："上次我在操场跑着玩，就被一块石头给绊倒了，摔了一跤，手都流血了。"

幼儿就"藏在身边的危险"畅所欲言，找到了很多潜在的危险因素。结合此经验（事件），教师请幼儿讨论一下，如何规避危险，更好地保护自己。幼儿结合自己的生活和游戏经验，提出了很多可能性。兮兮说："开门的时候要抓着门把手，不能把手放到门缝里。"

沐沐说："挪椅子的时候手要抓前面，不能抓两边，要轻轻挪。"

年年说："小朋友要用安全剪刀，不能用大人的剪刀。"

天天说："玻璃碎了不能用手直接拿，要戴手套。"

明明说："玩的时候要看路，不能撞到小朋友。"

在讨论环节的最后，教师与幼儿一起进行了小结：

第一，我们身边隐藏着很多危险，小朋友要提高安全意识，发现危险后及时通知老师。

第二，教师要及时检查教室及户外环境，及时排除危险因素，为幼儿提供一个安全的活动环境。

▶ 案例分析

1.在户外游戏活动时会存在一些安全隐患，如摔倒、碰撞等，产生原因可能是幼儿本身操作不当或是缺乏安全意识与自我保护意识。

2.从讨论发言中可以看出，幼儿有一定的游戏经验，对一些潜在的危险有感知、预判，通过老师的引导讨论，可以进行分析并提出一些有效的安全建议，提升幼儿的防范意识。

▶ 支持策略

1.教师要为幼儿创设安全的活动环境。尊重幼儿的个体差异，在活动开始和活动进行中，及时关注幼儿的安全，当幼儿发生危险时，及时进行妥善处理。

2.定期开展班级安全教育活动，同时根据短期内班级的具体问题展开讨论，引导幼儿自主发现安全问题，解决安全问题，从而提升幼儿辨别风险的能力。

3. 在家庭生活中，家长也要培养幼儿的安全意识。家庭中也隐藏着一些危险因素，家长可以带领幼儿进行寻找并及时解决。

（石家庄市桥西区中山华府海棠苑幼儿园　陈媛媛）

微信扫码

- AI 教学助手
- 内容图谱
- 知识图卡
- 保育笔记

座位的困扰

视频二维码

▶ **案例背景**

    在幼儿园的活动中，集体教学是很常见的一种活动形式，需要小朋友集中坐，但因为都想往前坐，而出现集中坐第一排的现象，长长的一排会导致两边的小朋友看不清大屏幕，还会堵住两边的通道，容易出现安全隐患，这引起了老师和小朋友们的关注和讨论。

▶ **案例描述**

    今天的音乐活动时间，小朋友们搬着小椅子到多媒体音箱处集合，一个挨一个排队坐下，大家正在跟着老师一起唱歌做动作时，只见铭铭在座位前焦急地来回踱步，眼睛不停地向座位后方眺望，还没等老师开口询问，只见他踩上了小椅子要翻越，老师赶紧上前

扶住了他，问道："有什么我能帮助你的吗？"铭铭说："我想去厕所，可是没有通过的地方。"

老师随着铭铭的目光看过去，只见小朋友们都坐在第一排，满满当当的，确实没有可以通过的地方。

这时，旁边的苗苗起身把小椅子挪开，说道："你从这过去，赶紧去厕所吧！我上次也是因为想上厕所却过不去，差点尿了裤子。"

老师看着已经坐好的小朋友们问："为什么大家都想坐第一排呢？"

苗苗说："我想离老师更近一些。"

红红说："坐第一排看大屏幕特别清楚。"

这时，铭铭也从厕所回来了，他说道："坐第一排能听得更清楚。"

贝贝说："虽然我也想坐第一排，但昨天我坐最边上，军军硬挤着过去，我的小椅子歪了，差点摔倒了，而且坐在最边上也看不清大屏幕。"

老师说："是呀，座位太靠边的小朋友，也会影响老师和他的互动，大家想想办法，座位应该怎样坐，既能方便通过又能看清大屏幕，还能和老师很好的互动呢？

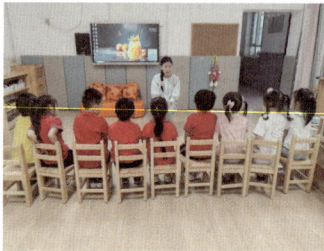

贝贝说："如果能方便通过，需要把教室两边靠墙的位置空出来。"

云云说："那如果大家一排坐不下，其他小朋友怎么办呢？"

苗苗说："那就像我们室外的站位一样，用线贴出来，线在哪里小椅子就放到哪儿。"

听到苗苗这个方法后，小朋友们一致认同，老师紧接着问道："你们可以试一试，坐在什么位置可以看清楚互动屏幕并做上标记。"说着孩子们就搬起小椅子行动起来。

最后，老师和小朋友们一起进行了总结：

1.用贴线的方法，确定坐椅子的位置，一共贴三条并排的座位线，每一排都要留出足够的空间，方便小朋友通行。

2.在找座位时，要先从第一排的中间依次向两边坐，第一排没有位置了再从第二排中间依次向两边挨着坐。

第二天的集体活动时间，小朋友们都搬着小椅子按照贴线的位置坐好了，小朋友能根据需要自主去厕所，不影响其他人了。

▶ 案例分析

1.教师在一日生活中要关注到幼儿的行为、状态及活动安排是否合理，提前对活动环节做出预设，做到发现问题及时调整，降低安全隐患。

2.在集体教学活动中，如班级人数较多时座位安排不合理，会导致幼儿通行障碍或间距太近夹伤手等安全隐患。

3.活动开始时，教师和幼儿并没有意识到座位拥挤的问题，在幼儿出现困扰后，教师敏锐地抓住了这个安全教育契机，在调整座位的同时引发了幼儿对座位形式的关注和讨论。

4.班级氛围宽松融洽，幼儿积极提出自己的想法，集体参与度高，通过开放性的提问，引发全体幼儿的关注和讨论，既培养了幼儿学习的自主性又巩固加深了幼儿对此现象中安全隐患的认识和规避方法。

5.在第二天集体教学活动中，幼儿座位自主有序，反映出有效讨论的重要性及班级幼儿良好的常规习惯。

▶ **支持策略**

1.通过每周的安全教育活动，组织开展有关小椅子使用及合理座位的安全教育，例如，轻放小椅子，预防手夹伤、正确搬椅子，拿稳看前方、椅子摆放要合理，不要影响他人等。

2.教师在活动前要做好充分的预设，将幼儿活动的路线、空间等合理布局，班级区角位置、桌子摆放等要为集体活动留出足够的空间。

3.在活动开展中，主班和配班教师之间需协作，默契配合，及时关注幼儿及活动开展情况，发现问题协作解决。

4.座位讨论结束后，教师可根据小椅子夹手、磕碰身体等问题与幼儿讨论，遇到突发意外情况如何处理，让幼儿掌握处理"小意外"的具体方法。

5.教师可持续跟进座位情况，可根据活动形式的不同，进一步引导幼儿认识和使用不同的座位形式进行活动。

（石家庄市桥西区童星幼儿园　张丹）

消防演练时

视频二维码

▶ 案例背景

在幼儿园的日常生活中，安全始终是至关重要的。考虑到幼儿园的特殊环境，孩子们年龄较小，对危险的认知和应对能力相对薄弱，同时，幼儿园人员密集，内部有许多易燃物品，孩子们不了解防火知识，不懂得安全用火，一旦发生火灾，可能会带来严重的后果。

为了培养孩子们的安全意识，让他们了解防火知识以及掌握正确的逃生方法和技能，提高自救能力，以应对可能发生的紧急情况，幼儿园开展消防演练就显得尤为重要。这不仅是幼儿园教育的重要内容，更是保障孩子们生命安全的必要举措。通过消防演练，提前在孩子们的心中种下消防安全的种子。

▶ 案例描述

小朋友们在观看安全教育宣传片中了解到了火灾的危害和自救知识。为了让幼儿更好地理解和掌握这些知识，老师还进行了模拟演练。

紧张刺激的火灾逃生演练开始了。在逼真的逃生情境中，有的孩子快速地冲到最前面；有的孩子感觉憋气用湿毛巾捂在脸蛋上；有的还觉得猫腰速度太慢，不自觉抬头挺胸向前跑……

演练结束后，老师就刚才的演练出现的问题展开了关于"如何正确逃生？""在逃生的过程中应该注意什么？"的讨论。幼儿提出了自己的意见：

西西说："一定要拿湿毛巾捂住口鼻，这样才能防止烟雾进入呼吸道。"

乐乐说："要弯腰低头，这样才能看清路，而且烟雾也会少一些。"

小雨说："要跟着前面小朋友一个一个走，不能挤！"孩子们你一言我一语，积极分享着自己的想法和经验。

在讨论过程中，老师不时地引导和启发幼儿，讨论结束后对正确逃生的方法进行总结：

1. 小朋友们要熟悉幼儿园内的逃生路线，包括疏散通道、安全出口的位置等。可以绘制简单的地图，让幼儿加深印象。

2. 在演练和实际发生火灾时，小朋友们要保持冷静，避免恐慌和尖叫。

3. 掌握使用湿毛巾捂住口鼻的正确方法，在逃生时如果走廊内烟雾较大，一定要弯腰或蹲着行走，这样可以减少烟雾的吸入。

4.听从老师的指挥，按照指示有序地逃离，不要擅自行动。小朋友在逃生过程中要保持一定的距离，避免拥挤和推搡，以免发生摔倒和踩踏事故。

5.一旦听到警报或指示，要迅速离开危险区域，不要逗留或回头。到达指定的安全地点后，小朋友们要集合在一起，方便老师进行点名和统计人数。在安全地点安静等待进一步的指示或救援，避免擅自离开。

▶ 案例分析

1.在演练开始前老师进行了火灾和自救知识的讲述，涵盖了重要的知识点，为幼儿提供了全面的指导。

2.通过模拟演练，让幼儿亲身体验火灾逃生的场景，增强了他们的应对能力。在演练中，幼儿能发现彼此在逃生过程中的问题，例如，未拿湿毛巾捂住口鼻、未弯腰、出现拥挤等，这有助于他们相互学习和纠正错误。

3.演练结束后的讨论环节，充分调动了幼儿的主动性，让他们积极参与，深入理解正确的逃生方法。

4.在活动中，幼儿相互提醒、相互帮助，培养了团队协作和互助精神。整体活动使幼儿对火灾有了更深刻的认识，提高了他们的安全意识。

5.老师可以根据幼儿在演练和讨论中暴露出的问题，有针对性地进行强化教育，提高教育效果。可以定期开展类似的安全教育活动，让安全意识深入幼儿的内心。

▶ 支持策略

1.强化教育内容

（1）深入讲解火灾的成因、危害和预防措施。

（2）详细介绍不同逃生方法的适用场景和注意事项。

（3）展示真实的火灾案例和逃生视频。

（4）使用互动性强的消防安全教育软件或游戏。

2.增加演练频次

（1）制订定期演练计划，如每月或每季度进行一次。

（2）逐渐增加演练的难度和复杂程度。

3.设置多样化场景

（1）模拟不同地点的火灾，如教室、走廊、操场等。

（2）考虑不同火势和烟雾情况。

4. 个体指导及小组讨论

（1）与出现问题的幼儿单独沟通，了解原因并提供针对性的建议。

（2）跟踪幼儿的后续表现，确保改进。

（3）安排小组讨论，让幼儿分享彼此的经验和想法。

（4）进行小组竞赛，激发学习积极性。

5. 鼓励家庭参与

（1）举办家长讲座，提供家庭消防安全知识和指导。

（2）发放相关资料给家长，方便他们在家中与孩子练习。

6. 加强教师培训

（1）参加专业的消防安全培训课程。

（2）邀请消防专家进行园内培训。

（聊城市茌平区第二实验幼儿园　韩志）

拥挤的小舞台

视频二维码

▶ **案例背景**

　　表演活动是将本主题中的说、唱、舞等内容通过一台文艺演出呈现出来，在动物园主题的文艺表演排练环节，有许多小朋友们站在教室前面进行表演，大家站成一排，肩膀紧挨着肩膀，音乐响起后，小朋友们随着音乐声开始了动作表演，随着一声"老师，有人踩我"暂停了演出，发生什么事情了呢？我们一起去看看吧。

▶ **案例描述**

　　"老师，梅梅踩到我的脚了。"

　　"老师，嘟嘟手打到我眼睛了。"

　　王老师马上暂停了嘈杂的音乐，询问情况。

　　"老师，我们这里地方太挤了，一伸胳膊就会碰到旁边的小朋友。"

　　彩排活动暂停，王老师和小朋友们围坐在一起开始复盘刚刚表演时的问题。

"小朋友们，刚刚你们提出了一个有关表演时和候场时的问题，那就是舞台和候场区域都在教室里很拥挤，一抬手就会碰到其他小朋友，确实存在一定的安全隐患。所以我们先来解决这些问题。现在小朋友可以说一说，你认为刚刚彩排的过程中都有哪些安全问题呢？老师把问题记在我们的问题单上。"

刚刚的当事人嘟嘟说："老师，因为地方太小了所以我不小心碰到了梅梅。"

梅梅也说道："我们不能影响台上表演的小朋友，所以我们都退到'候场线'的后面等着呢，确实因为地方有点小，小朋友们有点多，所以相互碰到了。"……

王老师将问题记录在了问题单上，最后发现，因为场地小，小朋友们多，所以存在安全隐患。

"小朋友们都很细心，发现了很多影响安全的问题，为了更快速高效地逐一解决，现在我们分小组来讨论，每个小组认领一个需要解决的问题，大家一起讨论解决方案，怎么保证大家都有表演机会的情况下解决拥挤问题？候场的位置在哪里更安全更合适？怎样才能不影响台上表演？"

各小组开始了热烈的讨论，小朋友们你一言我一语都发表着自己的想法，他们用写写画画的图标代替文字，书写着一个一个的办法。

讨论活动结束，各小组带着自己讨论的方法记录单，由一位小代表介绍讨论结果，其他组员补充的办法开始了讲述。

"我们组讨论的问题是'候场位置在哪里又安全又方便'，我们讨论出这些办法，一个是可以到教室外面的走廊去排队，楼道地方大，还不影响里面表演的小朋友，大家安静地仔细听里面上场的音乐响起，候场的人再进去。"第一组的安安边说边指着画上内容给小朋友们看。

"安安她们组说了这样的方案，小朋友觉得可以试一试吗？"老师问其他小朋友。

"老师，我觉得还可以在教室里候场，就是站队的时候小朋友们的身体可以挨近点，别来回动，就不影响别人表演，大家也安全。"果果接着说道。

"现在小朋友们讨论出了几种解决演员候场时更方便、更安全的办法，一个是换场地候场；另一个是控制自己的身体不影响其他小朋友。这些方法我们都试一下，大家都觉得哪种更方便、更安全我们就用哪一种。"

▶ 案例分析

1. 在表演活动中，幼儿可以自己关注到与同伴之间的安全问题，并积极向伙伴和老师提出，请求关注。

2. 通过"问题单"和"方法记录单"帮助幼儿明确安全问题及

解决办法，利用写写画画的方式帮助幼儿理解记忆问题和答案，将内容具象化。

3. 教师利用分组形式将讨论问题同步进行，高效解决并实践。幼儿小组讨论过程中经历发问、探讨、争执、有理有据地说服、统一答案、推荐或自荐等过程，幼儿感受多人进行头脑风暴的过程。

▶ **支持策略**

1. 日常教学活动中，教师对幼儿进行过有意识或无意识的安全活动教育，他们可以自己感知周围环境及设施带来的安全问题，有一定的安全意识和自我保护意识。

2. 教师关注幼儿的安全问题，对于幼儿的发问及时回应，通过师幼互动帮助幼儿发现预防危险发生的办法，幼儿可以及时调整自己与之的关系，利用位移、自我控制的方式将危险程度降低。

3. 教师将此次发现的有关"表演中的安全"小话题生成一次讨论话题，并在班级群中告知家长，让家长看到幼儿有自己关注安全、解决问题的能力，希望幼儿可以持续发现生活的安全问题，尝试多种解决方法。

（石家庄实验幼儿园　王帆）

第六章
常见意外事故

第一节　特点类型及原因分析

一、意外事故的特点

幼儿园的意外事故有如下特点：不可预见性，无法完全预测何时何地会发生；突发性，事故发生往往很突然，可能就在瞬间出现；多样性，涵盖类型非常多，如摔伤、烫伤、异物入体等；高频性，幼儿年龄较小，生性活泼好动，事故发生率相对较高；季节性，某些季节可能更容易发生特定类型的事故，如夏季幼儿衣服比较单薄，更容易发生擦伤或磕碰伤；环境相关性，与幼儿园的设施设备、幼儿园管理等环境因素有关；后果严重性，可能导致较严重的身体伤害甚至危及生命。

二、类型和应急处理

（一）擦伤、扭伤

擦伤是指以表皮剥脱、翻卷为主要表现的损伤。幼儿不小心摔倒，身体裸露部位着地会容易发生擦伤。幼儿擦伤后教师应首先抚慰幼儿的情绪，检查其擦伤的面积、伤口深浅。如擦伤很浅，面积较小的伤口，先用淡盐水或清水将伤口冲洗干净，然后用碘伏或酒精消毒伤口周围皮肤，根据情况贴上创可贴。如果伤口在脸上，撕开大小有7mm以上时，出血严重或伤口深陷时，伤口中有泥土、刺、玻璃等杂物时，应立即去医院就诊。

扭伤是指四肢的关节部位，肌肉、韧带等软组织因过度牵拉而受到损伤。损伤的部位会充血、肿胀和疼痛，活动受到限制。户外运动或体育活动中，如姿势不正确容易发生扭伤。幼儿扭伤后，初期应停止活动减少出血，采用冷敷，以达到止血、消肿、止痛的目的；1～2天后可用热敷促进消肿和血液的吸收。

（二）烫伤

幼儿在喝水或吃饭环节如水和汤太烫，容易发生烫伤。幼儿发生烫伤后，教师应立即用流动的冷水冲洗烫伤部位20～30分钟，以免身上衣物和伤口粘连，无法浸泡的部位可用毛巾湿敷，注意保持创伤面的清洁，用无菌纱布或食物保鲜膜覆盖创面。烫伤严重、面积较大的幼儿，教师应给予简单处理后迅速送医院治疗。

（三）骨折

幼儿发生骨折后，教师应先了解骨折的情况，不要牵拉或强行抱起幼儿，要观察幼儿的全身状况。若有大出血，要先止血、止痛，再处理骨折，然后送往医院治疗。处理的基本原则是限制受伤肢体的活动，防止断骨再刺伤周围组织，以减轻疼痛。

（四）鼻出血

幼儿鼻出血的原因有很多，如鼻部外伤、某些全身性疾病、鼻黏膜干燥、鼻腔异物、发热等。幼儿发生鼻出血时，教师首先要安抚幼儿情绪，让幼儿安静坐下，头略向前倾，用口呼吸，用干净的棉球堵住流鼻血侧鼻孔，再用拇指和食指捏住幼儿的鼻翼，同时用湿毛巾冷敷鼻部或前额，一般压迫5～10分钟即可。不可让幼儿头向后仰，以免发生鼻腔内的血倒流到气道中引起窒息，如血流不止的需尽快送医。

（五）鼻腔、器官、外耳道、眼部异物入体

鼻腔异物以花生米、豆子、果核为多见。幼儿发生鼻腔异物时，教师可让幼儿按住无异物的鼻孔，用力擤鼻，将异物排出；也可用棉花捻或纸捻刺激幼儿的鼻黏膜，使其打喷嚏，将异物排出。不可用镊子去夹异物，特别是圆形的异物，否则可能使异物深陷，落入气管。如上述方法无效，应送医院处理，注意送医途中，要让幼儿呼吸保持平稳，以防异物深陷。

幼儿口含食物或小物品哭闹、嬉戏时最易发生气管进异物。幼儿气管有异物时，会出现呛咳、吸气性呼吸困难、憋气、面色青紫等现象。如发现幼儿气管有异物，教师要立即用海姆立克法，帮助幼儿将异物排出，若无法排出异物或已出现呼吸困难等症状应立即送往医院。

幼儿外耳道入异物，让幼儿不挖耳朵，如是金属物，可叮嘱幼儿头侧向有异物的一侧，摇动头部，用单脚跳；如是豆类，用植物油滴耳，头侧向有异物的一方，单脚跳；如是小虫，在暗处用灯光照耳；如异物仍难排出，应送医院处理。

如小沙粒、小飞虫等入眼，教师可让幼儿闭上眼睛，利用泪水将其冲出眼外，也可翻开幼儿的眼睑，用干净的棉签轻轻擦去附于幼儿眼球表面的沙子、小虫。若异物嵌于角膜组织内或上述方法无效，应迅速送医院处理。

三、原因分析

意外事故发生的原因主要包括以下几个方面：

（1）幼儿园安全管理方面：幼儿园安全设施设备质量差，管理者安全管理意识淡薄，安全管理制度不健全、不完善，安全工作责任制没有真正落到实处，安全检查监督不到位，缺少安全防范措施。

（2）教师方面：教师缺乏责任感，不注重幼儿日常的安全教育，重教学轻安全，对幼儿一日生活的各个环节存在的安全隐患，缺乏敏锐的观察力，没有提前进行预设和解决。

（3）家长方面：家长缺乏安全教育意识，对幼儿过度溺爱和保护，使幼儿自我保护能力较弱。

（4）幼儿自身方面：幼儿年龄小，正处于身心逐步发展的阶段，运动功能不完善，缺乏生活经验和生活常识，又好奇、好动、喜欢探索，对危险因素缺乏辨识，自我保护意识和能力较差。

第二节　预防及对策

幼儿园应建立健全安全管理制度，明确各岗位职责，具体责任到人，明确并公示。为幼儿创设安全的活动和游戏环境，对活动环境和设施设备定期定时进行检查，消除各种安全隐患和不安全因素。认真落实安全防范措施，做好安全应急预案及意外事故预防措施。

加强安全宣传教育培训，提高教师的安全意识和责任意识，将安全教育贯穿于幼儿在园的一日生活中。同时，家园密切配合，加强对幼儿进行安全教育，提高幼儿自我防范意识和自护能力。

微信扫码
- AI 教学助手
- 内容图谱
- 知识图卡
- 保育笔记

第三节　工作流程

首先应及时救治，按照提前制定的意外事故应急预案进行积极处理，如不严重可先带幼儿去保健医处进行简单处理；如较严重，确认保健医无法处理，需紧急送医，并报告主管领导；救治过程中积极配合医生进行治疗。

同时与家长沟通，在事故发生后，教师应尽快从自责、懊丧的情绪中走出来，以诚恳的态度与家长进行沟通，对家长进行安抚并将受伤经过如实告知家长，争取家长的理解和配合。

事故处理后，要及时进行自我检讨，调取事故发生监控，分析意外事故原因，召集相关人员冷静而客观地检讨伤害事故的原因、责任归属、落实改进。

最后，针对事故的原因制定切实可行的补救措施和整改措施，避免类似事件再次发生。从事故中发现安全教育的价值，加强安全教育。

第四节　典型案例

哎呀，扭伤了

视频二维码

▶ 案例背景

帆帆的生日是 8 月，在小班属于月龄较小的孩子。入园一个月了，帆帆走路时双腿略显僵硬，不能独立上下台阶，遇到路面不平时就不敢走，哪怕路上有一个小水坑，她也必须要教师拉着手才敢迈步。帆帆不挑食，长得胖乎乎的，总爱说"大人话"，特别喜欢跟教师坐着聊天。

▶ 案例描述

一天，户外活动时，孩子们强烈要求玩昨天的游戏"小孩小孩真爱玩儿"。教师立刻满足了孩子们的愿望，在昨天的游戏场地上玩了好多遍。为了不重复昨天的游戏内容，教师把孩子们带到了材料更加丰富的新场地，当教师发出指令"小孩小孩真爱玩儿，摸摸大树就回来"后，帆帆用目光找到了场地边上的一棵大松树，转身向大树跑去，马上就要摸到大树了，帆帆却一下子坐在了地上，"哇"地一声哭起来。

教师听到哭声，赶紧跑到帆帆身边，抱起她，轻轻地放在旁边的玩具上坐好，然后问道："帆帆，怎么啦？"帆帆哭着说："老师，我脚好疼。"教师请保育员跑步去喊保健医，同时组织其他幼儿站队。保健医到达现场后，教师将其他幼儿交于保育老师带回班级，自己留下协助保健医。

教师将事情经过跟保健医描述后，保健医先查看了孩子受伤的脚踝，初步排除骨折的可能性，然后问道："帆帆，你怎么摔倒的？"帆帆说："不知道。"老师说："你指一指在哪儿摔倒的？"帆帆指了指松树前的地面说："我跑到这儿就摔倒了。"教师和保健医仔细看，发现此处正是塑胶场地的边缘，塑胶场高，土地部分低，之间有落差，在衔接处有一个弧形的小坡儿。

将事实询问清楚后，保健医将帆帆带到保健室进一步检查，根据孩子的伤情和摔倒时周围的环境情况，初步判断是脚腕扭伤。随后，保健医进行了冷敷处理。

▶ 案例分析

1.处理及时，方法得当。当孩子摔倒并大哭时，教师在伤情不明的情况下，按可能骨折的方式进行处理，不随意挪动幼儿，也不按摩、揉搓受伤部位，避免造成二次伤害。及时请来专业的保健医进行伤情处理，在整个过程中方法使用得当。

2.关注个体，兼顾群体。在发现一个孩子受伤后，教师没有慌乱，先妥善安置好受伤幼儿，同时关注班级的其他孩子。在保育员去叫保健医时，教师及时组织其他幼儿站队，保证良好的常规，防止混乱中造成其他幼儿受伤。

3.教师为满足幼儿游戏需求，忽略了户外运动前的热身活动。当幼儿提出还玩昨天的游戏时，教师考虑到孩子已经掌握了游戏规则，不需要再讲解，就直接开展了游戏，却忽略了户外活动前的重要内容：准备活动。充分的热身能让幼儿各关节变得灵活，减少意外的发生。

4.教师只考虑教育效果，忽视了安全因素。教师为了不重复昨天的游戏内容，把孩子们带到了材料更加丰富的新场地，这样教师的口令更多样，孩子们游戏的兴趣更高，游戏的效果也会更好。但教师忽略了新场地中的安全因素，塑胶场地中间虽然平坦，但场地边缘有小坡儿，小班幼儿运动机能不完善，平衡能力较差，反应速度慢，注意范围较小，观察不到小斜坡的存在，奔跑中容易在此处摔倒。

▶ **支持策略**

1.与家长沟通，做好幼儿后期护理。与家长沟通幼儿后期护理的方法，先冷敷减少局部出血和肿胀，后热敷加速血液循环，两者切不可颠倒，否则易导致剧烈肿胀，不易恢复。休养期间切忌用力按摩、揉搓，以免加重损伤或骨折。因休养要限制活动，为防止便秘，应注意多吃含纤维多的蔬菜、水果、蜂蜜，多喝水，饮食应清淡，容易消化。

2.与幼儿一起讨论帆帆扭伤的原因，组织全班幼儿共同寻找场地上的不安全因素，说一说怎样做才能避免危险发生，并用图画的方式表征出来，借此事件让全班幼儿树立安全防范意识。

3.针对帆帆平衡能力较差的现象，家园共同携手，多提供锻炼的机会，少抱多走，在斜坡等不同的地形上练习走跑，特别是练习上下楼梯，不断增强身体平衡和协调能力，进而提高自我保护能力。

（国防大学幼儿园·石家庄园　王娜）

抓伤、咬伤

▶ 案例背景

3岁半的暖暖是班里年龄较大的孩子，适应能力很强，能够跟老师游戏互动、自主进食，但是由于说话比较晚（3岁才开口说话），习惯性用手推、口咬去表达自己的不满。在公共场所和其他小朋友玩耍时因想要独占玩具、不满意其他小朋友介入自己的游戏或不满意其他小朋友的某种做法总出现动手打（人）、张口咬（人）的行为，为此家长也很困扰。

▶ 案例描述

小班幼儿初入园，班级几位老师便观察到暖暖喜欢和果果一起坐，一起玩儿，玩得开心的时候形影不离，不开心的时候会激烈争吵，甚至是动手推搡。

果果规则意识特别强，暖暖天性比较好动，喜欢四处跑，规则意识比较差，不太能够坐得住，果果会在看到暖暖没有坐端正时通过动作（拉、拽的方式）去提醒暖暖，暖暖对于果果提醒的方式比较反感，但不知如何表达，便喜欢用手打、口咬的方式反击。

对于果果规则意识强，总是会通过拉拽的方式提醒其他小朋友坐端正或者排好队这种情况，班级教师开展了主题教育活动"被拉拽很生气"，幼儿通过聆听故事、观看动画，了解到拉拽的方式是不受人欢迎的，言语提醒是个不错的办法。

一天早饭后，绘本阅读的时间，果果看到暖暖没有坐端正，便通过拉拽的方式试图让暖暖端坐在椅子上，暖暖感觉到被冒犯，想要挣脱，却发现两人力量相当，难以挣脱，于是嘴巴先行一步，一下把果果的左手手指咬伤了，由于幼儿的皮肤比较娇嫩，瞬间就肿了起来。带班老师请配班老师带领其他幼儿活动，自己立即用凉毛巾为幼儿冷敷，请保育老师跑步找来保健医，保健医仔细观察后判断幼儿的骨头没有受到损伤，只是手指皮外擦伤，快速为幼儿进行了专业护理，用冰袋裹上毛巾为孩子冷敷处理，擦碘伏消毒。带班老师安抚果果，跟暖暖进行言语沟通并和家长进行了沟通。配班老师通过情景故事、游戏活动的方式告知幼儿危险来临时要快速躲开；如果别人的行为让自己感觉不舒服可以找老师帮忙或者大声地说出来，咬人、打人的行为是不正确的。

老师们不厌其烦地讲述发生冲突的解决办法，此后，大部分幼儿遇到冲突时都能够及时告诉老师，幼儿间肢体冲突行为越来越少了。

▶ **案例分析**

1.幼儿踏入新的环境，与他人发生肢体冲突往往是出于本能的自我保护。

现在的儿童大多为独生子女，习惯了对家中的一切享有绝对的优先权，习惯了以自己为中心的生活模式，当这些儿童第一次踏入幼儿园，必须要面对和其他儿童共同游戏或分享同一样东西的时候，情绪难免失控。

2.暖暖口的敏感期延迟，手的敏感期没有发育好。

与家长沟通了解到孩子吃软烂的饭食较多，咀嚼能力得不到很好的发展。隔代教育的奶奶平时对孩子的关照比较多，在孩子本该用嘴巴探索世界的时候强加干预，导致口的敏感期推迟了。应该用手去探索未知世界的时候被戴上小手套强加干预，阻碍了手的发展。

3.幼儿教师必须熟悉一些应急事件处理的方法，知道如何将伤害降到最低，如何使幼儿尽量不受伤害，健康快乐地成长。

▶ **支持策略**

1.儿童无意中用口、牙齿认识事物，和人有意使用牙齿攻击有着本质的区别。孩子是出于自我保护，却不知方式、方法，思维还没有跟上，动作已不受控制。家长、教师通过绘本故事，主题课程为幼儿灌输正确的解决冲突的方法，比如发生冲突找老师帮忙；大声地说出自己的不满，表达自己的情绪；不能动手动脚。

2. 建议家长为孩子提供较硬的食物，并购买磨牙棒（小饼干），以便发展孩子的咀嚼能力，帮助幼儿尽快渡过口的敏感期；请家长为孩子准备黄豆，让他抓、捏，充分锻炼幼儿手部的精细动作，让他用小手去感知、去探索未知的世界。

3. 一日流程中，教师合理的分工站位，确保能关注到班级中的所有幼儿，让观察与指导同步进行。

4. 家园沟通助力幼儿健康成长。教师在入园、离园时通过面谈的形式将幼儿在园的情况告知家长，也及时通过微信或电话等方式向家长了解幼儿在家的情况，家园统一教育理念、教育方式，形成教育合力。

（石家庄市桥西区中山华府海棠苑幼儿园　韩月）

微信扫码
- AI 教学助手
- 内容图谱
- 知识图卡
- 保育笔记

危险的小豆子

▶ **案例背景**

　　3～6岁的幼儿天生好动，尤其小班的幼儿对周围的事物充满了好奇心，不管见到什么、摸到什么都喜欢往嘴里、鼻子、耳朵里塞，于是往往造成耳鼻喉受到伤害。因此，此类问题就需要教师对幼儿进行必要、持续的安全教育。

▶ **案例描述**

　　今天的早餐是五彩鸡蛋羹，小班的亮亮吃完早餐后，趁教师不注意，从地下捡了一粒鸡蛋羹里的小豆子塞进了鼻孔，亮亮想用手指把豆子挖出来，可是越挖豆子陷进去得越深。教师发现他一直在抠鼻孔，问他是不是鼻子不舒服，亮亮才说出了真实情况。教师赶紧带着亮亮去找保健医，由于豆子塞得较深，经保健医确定无法取出的情况下立即赶往医院。经过检查发现豆子卡在了比较深的鼻腔内，医生在进行紧急处理后，把豆子成功取出，亮亮没有发生生命危险。这个安全问题也引起了班级小朋友们激烈的讨论。

奇奇说："不能把区角的小毛球放到耳朵里，这样耳朵堵住了就会听不到声音。"

丁丁说："我妈妈说在吃饭的时候不要大声说笑，不然小米粒就会进入气管。"

亮亮说："我们的鼻子里千万不能塞入小物品，这样就不能呼吸了，刚刚真的把我吓坏了。"

红红说："如果自己或同伴不小心把小物品放入口、鼻和耳朵时，要及时告诉老师。"

经过讨论，教师与幼儿一起对此事件进行了小结，并明确地告知幼儿如何防止异物伤害。

第一，早上入园时要主动接受晨检，小物品避免带入幼儿园；午休时不咬拽衣服扣子、拉链和被角、线头、棉花等，有异物进入口、

鼻等处时要及时告诉老师；看到同伴不小心把小物品放入口、鼻等处时，也要及时告诉老师。

第二，鼻子、耳朵虽然小但也会进东西，像笔帽、扣子、棋子、发卡、图钉、硬币等一些小的物品在使用时要保管好；进餐、吃水果的时候要安静、细品，避免食物进入气管。除此之外，我们要对班级里的危险异物进行排查，生活中有哪些物品是容易造成危险的"异物"呢？幼儿通过在班级里仔细寻找、排查了很多游戏过程中的危险"小物品"，如彩泥、毛绒球、笔盖、果壳、小圆珠、玩具小零件等，幼儿还从自己身上找到危险的"小物品"，如拉链、纽扣、小亮片、卡子等。

▶ 案例分析

1. 小班幼儿年龄较小，有时不经意往嘴里、耳朵或鼻子里塞入一些小物品，非常危险，产生的原因是幼儿本身对周围事物充满了好奇心，他们喜欢用动作、肢体来探索世界。

2. 幼儿的注意力保持时间比较短，在进食或玩耍时容易分心，可能会将异物吞下去。

3. 在游戏中幼儿可能会无意识将东西放到口、鼻、耳，自己却没有意识到，放进去后才会发现。

4. 从讨论发言中可以看出，幼儿有一定的生活经验和安全意识，对身边潜在的一些危险有感知、预判，在实物练习排查中，幼儿能从自己周围找到可能会发生危险的物品。

▶▶ **支持策略**

1.给予幼儿安全的校园环境，加强监管，确保幼儿在玩耍和进食时保持安全，避免幼儿接触到有潜在危险的物品。

2.家长首先要有明确的安全意识，早上送幼儿入园前做好检查，避免幼儿携带小物品入园。

3.在幼儿一日环节中开展认识区域材料及游戏前安全规则教育的活动，进行防止异物进入身体器官的安全教育，学习如何自护与求助。同时，建立幼儿与教师之间的信任。

4.在班级环创过程中我们要根据幼儿的年龄特点，投放的操作材料要适宜，幼儿操作材料的大小也是导致幼儿安全意外发生的客观原因。

5.班级教师通过图片、视频等方式向幼儿讲解异物入口鼻危害，要明确告诉孩子，往鼻子和耳朵里塞东西是很危险的，给孩子树立安全意识；要加强对教师的安全培训和相关意外处置措施培训，以防教师在遇到幼儿意外伤害时不知所措，错误的方法极易造成幼儿二次伤害。

6.为幼儿创设愉快、宽松的进餐环境，使幼儿在情绪稳定愉快的状态下安静地进餐或吃水果，防止食品误入气管。

（石家庄市桥西区童星幼儿园　孙红岩）

164

幼儿意外伤害之骨折

▶ 案例背景

轩轩和小美一起上去体验"独木桥。"轩轩看到"落水"的小美，从"独木桥"上跳下去，左手支撑了一下地面。轩轩的动作发展水平和其他幼儿相比存在差异。由于轩轩手部控制能力较弱，身体协调性较差，导致轩轩的手腕鼓起了一个小包，还有点疼。顿时，轩轩大哭起来。老师查看、询问后怀疑是骨折了，立即进行处理。在游戏中，出现危险的原因有多种情况，可能是独木桥本身的不稳定性，也可能是幼儿和同伴在行走独木桥时没有遵守规则。

▶ 案例描述

户外活动中，轩轩和小美进行"独木桥"游戏。

小美说："今天，我们来挑战独木桥吧，看谁走得最快，获胜者就是第一名。"

轩轩说："没问题，咱们比一比。"

在进行游戏的过程中，小美由于走得太快，重心不稳从独木桥掉下去了。旁边的老师看到后，立刻上前去扶她。轩轩看到也赶紧跳下去，想要扶起小美。由于身体倾斜不稳，左手用力支撑起地面。手部鼓起来了一个小包，有些红肿。这时轩轩忍不住地哭了起来。

教师走到幼儿身边，发现幼儿手腕处鼓起一个小包，有些肿胀。按压局部疼痛剧烈，不能活动，无活动性出血。可能是骨折，幼儿神志清楚，但情绪激动，哭闹不止。教师安抚幼儿情绪，并转移到安全空旷的地方，并针对此事故上报相关安全责任人。

事故发生后，幼儿园立即启动应急预案。首先，保健医生迅速赶到现场，对轩轩进行初步检查，初步判断为左手手腕处骨折。随后，幼儿园通知了轩轩的家长，并决定立即驱车前往附近的专业儿童医院进行进一步治疗。

▶ **案例分析**

1.3～6 岁幼儿的身体生长速度减慢，进入一个相对平缓的增长期。幼儿骨骼弹性好，但是坚固性不足，容易在外力作用下发生变形或骨折。

2. 幼儿年龄小，自我保护能力弱，安全意识薄弱，不能很好地控制自己的力量，导致幼儿缺乏安全意识和自我保护的能力。

3. 幼儿在进行"独木桥"动作时，还需具备一定的协调能力和灵敏性。发展幼儿的平衡能力，有助于使幼儿在平稳、安全的状态下进行各种活动。

4.教师针对幼儿的运动发展情况进行综合评价。帮助幼儿发现他们的优势和困难，并给予相应的引导和帮助。

▶ 支持策略

1.加强家园之间的沟通交流，利用家长会、家园联系栏向家长宣传户外活动的好处和安全教育的重要性。

2.在户外活动前，教师进行场地器械排查，保证安全无隐患。安全员在搭建器械周围提醒同伴用软垫包围，防止幼儿因动作幅度较大，意外受伤。教师还可以为幼儿播放户外游戏安全视频等，帮助幼儿理解安全常识并提高自我保护的能力。

3.教师要不断提升自身的理论水平，针对此事故出现的问题，结合平衡木等器械，加强幼儿平衡和控制能力的训练。

4.教师用温和的语言安抚幼儿情绪，帮助幼儿转移注意力，缓解幼儿疼痛与不适。

5.安抚家长的情绪，多回访家长并询问幼儿的伤情状况。和幼儿分享幼儿园进行的活动，并引导家长参与互动。

（石家庄市桥西区童星幼儿园　赵菁　王雅静）

附录：评估量表

参考文献

[1] 李季湄，冯晓霞 .3 ～ 6 岁儿童学习与发展指南 [M]. 北京：人民教育出版社，2013.

[2] 幸福童年编写组 .《幼儿园保育教育质量评估指南》解读 [M]. 北京：开明出版社，2022.

[3] 谢爱华 . 幼儿园突发安全事故应急处理 [M]. 天津：天津教育出版社，2019.

[4] 苏晖 . 幼儿园安全管理实用手册 [M]. 北京：中国农业出版社，2016.